어떻게 하나님과
동행할 것인가

어떻게 하나님과
동행할 것인가

ⓒ 신상래, 2022

초판 1쇄 발행 2022년 9월 28일

지은이   신상래
펴낸이   이기봉
편집   좋은땅 편집팀
펴낸곳   도서출판 좋은땅
주소   서울특별시 마포구 양화로12길 26 지월드빌딩 (서교동 395-7)
전화   02)374-8616~7
팩스   02)374-8614
이메일   gworldbook@naver.com
홈페이지   www.g-world.co.kr

ISBN   979-11-388-1263-4 (03230)

어떻게 하나님과 동행할 것인가

신상래 지음

좋은땅

들어가기

크리스천이라면 누구나 이 땅에서 즐겁고 행복하게 살다가 천국에 들어가 영원한 생명을 누리기를 소망할 것이다. 그렇게만 살 수 있다면 더이상 무엇을 바라랴? 그래서 이 꿈을 간직하고 교회를 오가며 성실한 신앙생활을 하고 있는 분들이 적지 않다. 그러나 신앙의 연륜을 더할수록 성경에 기록된 약속의 말씀이 현장의 삶에서 이루어지는 것이 몹시 어려운 일이라는 것을 그간의 신앙생활의 경험으로 보아 잘 알고 있다. 필자가 교회에 발을 들여놓은 이유는, 누가 전도해서라기보다 개인적인 기도의 응답으로 하나님의 존재를 체험했기에 그러한 기대감이 더 컸다. 초창기에 하나님을 향한 열정은 희생적인 신앙 행위에 힘을 실어 주는 동력을 제공해 주었지만, 기도 응답이 사라지고 은혜를 잊는 날들로 채워질수록 실망감이 쌓이면서 점차 형식적이고 반복적인 신앙 행위로 변질되고야 말았다. 다른 이들도 사정은 엇비슷하다. 그동안의 신앙생활로 무거운 직책이 붙고, 타성에 젖은 종교적인 습관이 형성되면서 주일예배나 십일조 등의 행위라도 하지 않으면 불안감이 엄습하거나 죄책감이 들기에 어정쩡한 신앙상태를 유지하게 된다. 성경에 약속한 하나님의 도우심이나 믿음의 능력을 현실의 삶에서 경험하지 못하지만 뾰족한 대책이 없는 한, 여전히 형식적인 신앙 행위를 무한 반복하는 종교적인 신앙인에서 벗어나지 못할 것이다.

물론 교회에 나오면 성경에 밝힌 하나님의 뜻에 대한 설교를 수없이 들으며 책이나 각종 언론매체를 통하여 여러 교회지도자들의 깊은 신앙관을 배우기도 한다. 이들의 결론은 예배에 성실히 참석하거나 기도를 열심히 하고 성경을 가까이하여 얻어지는 성령 충만을 내용으로 하는 희생적인 신앙 행위를 권유하고 있다. 그렇지만 오랫동안 새벽기도를 다니며 주일성수를 철석같이 지키는 이들도 무미건조한 신앙뿐인 이들이 적지 않다. 기도 때마다 성령 충만을 입버릇처럼 외치는 이들도 다르지 않다. 통성기도 시간의 뜨거운 느낌이 감정의 격앙이 아니라 성령 충만이라면, 왜 기도가 끝나자마자 성령이 순식간에 사라지는 것을 무기력하게 지켜보아야 하는가? 사실 하나님의 뜻이 무엇인지는 설교나 강의가 아니더라도 성경을 통해 직접 읽고 깨달을 수도 있다. 우리의 삶에 힘이 없고 신앙에 능력이 없는 이유는 문제를 알지 못해서가 아니라 어떻게 해야 하는지 모르고 있어서가 아닐까? 기도를 하지 않아서가 아니라 성경적인 기도를 따라 하지 않기 때문이고, 성경을 읽지 않아서가 아니라 하나님의 뜻을 깨닫지 못하거나 그 뜻대로 살지 못했기 때문이며, 예배를 성실하게 드리지 않아서가 아니라 하나님이 기뻐하시는 예배가 아니라서 그럴지도 모른다. 즉 교회에서 성경에서 말하는 신앙의 덕목들을 가르치지 않아서가 아니라, 교회지도자가 깨달음이 없어 어떻게 해야 하는지를 구체적으로 가르치지 못하고 있으며 신도들은 성경 지식만을 머리로만 받아들이고 있기에 그런지도 모른다. 성경에서 소개하는 신앙의 위인들은 지금처럼 편리한 교회를 다니지도 못했으며 번듯한 성경조차 없었음은 물론이고 성경교사의 가르침도 제대로 듣지 못한 이들이 적지 않았지만, 그들은 하나님의 뜻을 깨닫고 능력을 체험하며 살기에 부족하지 않았다.

우리 주변에는 한 집 걸러 교회일 정도로 넘쳐 나고 TV나 인터넷에는 24시간 끊임없이 설교가 쏟아지고, 가정마다 여러 권의 성경을 소유하고 있지만, 정작 하나님의 뜻을 모르며 그분의 능력을 경험하지 못하기에 영혼이 평안하지 못하고 삶이 고단하고 팍팍하다. 그 원인을 아는 것은 어렵지 않다. 교회에 다니고는 있지만 정작 하나님을 만나지 못하며 삶에 동행하지 못하기 때문이다. 그래서 이 주제를 내어놓게 되었다. 하나님을 뜻을 깨닫고 그분과 동행하는 삶이 무엇인가에 대한 필자의 오랜 숙제를 내놓고, 답답한 심정으로 하나님을 찾았던 수많은 시간들을 통해 얻은 깨달음을 함께 나누고 싶었다. 지금까지의 신앙생활이 잘못되었다면 어떻게 해야 하나님과 동행하는 삶을 누릴 것인가에 대한 구체적인 내용을 밝히고, 경건의 훈련을 통해 영적인 습관을 몸에 배는 과정을 밟아 가야 할 상세한 매뉴얼이 필요하다고 느껴서이다. 하나님과 동행하는 삶을 사는 것은 만만치 않다. 그렇지만 누구나 하나님의 은혜를 간절히 바라고 천국에서의 삶을 이 땅에서 더불어 누리기를 원하는 하나님의 자녀라면 하나님과 동행하는 영적인 능력을 마땅히 가슴에 새기고 습관으로 들여야 할 것임에 이견이 없을 것이다. 다만 그동안 하나님의 뜻에 대한 무지와 어리석음으로 잘못된 길로 다녔다면 다시 하나님께로 돌이켜야 할 것이다. 그래서 성경에 약속한 놀라운 은혜를 경험하며 하나님과 동행함으로 얻게 되는, 영원한 천국과 더불어 이 땅에서 평안하고 형통한 삶을 되찾아야 할 것이다. 공허한 말잔치에 그치는 것이 아니라 현장의 삶에서 생생하게 경험하고 기쁘게 누려야 할 것이다. 그것이 우리를 향하신 하나님의 뜻이기 때문이다.

충주의 한적한 시골에서, 쉰목사

제3부　하나님이 기뻐하시는 삶을 살라

제1부

하나님과 동행하는 삶

1.

'동행'에 꽂히다

선사시대인 백악기와 쥐라기에 존재했던 공룡은 사람들의 호기심을 불러일으키는 동물이다. 다양한 크기와 종류도 그렇지만 기괴한 모습은 보는 이들마다 탄성을 불러일으킨다. 그래서 이들을 컴퓨터 그래픽으로 정교하게 묘사한 영화는 대박을 터뜨리며 남자 어린이를 둔 가정이라면 온 방이 공룡 장난감으로 빼곡할 것이다. 그렇지만 안타깝게도 이들은 오늘날 지상에 존재하지 않는다. 자연사박물관에 가서 화석으로나마 이들의 존재감을 희미하게 확인할 뿐이다. 한때는 지구를 점령하고 지배했지만 이제는 과거의 기억 속에서만 존재할 뿐 현실의 세계에서는 사라진 지 오래다.

성경에도 이러한 단어가 있다. '동행'이라는 말이다. '동행'과 유사한 표현으로 '함께한다'는 말도 쓰이지만 같은 뜻이다. 동행의 주체는 하나님이며 대상은 기뻐하는 자녀들이다. 성경을 대표하는 위인들은 하나님과 언제나 깊은 관계를 맺었으며 이들을 통해 자신의 뜻을 펼쳤다. 그렇지만 이 말은 성경에만 존재할 뿐 이 시대를 사는 우리에게 생소한 말이다. 하나님과 동행하는 사람들은 예외 없이 놀라운 능력을 보유했으며 평안하고 형통한 삶을 살았지만 우리는 그런 능력을 얻는 게 만만치 않은 일이기 때문이다. 하나님과 동행하는 일은 말뿐만이 아니라 현장의 삶에서 직접 증명하여야 하기에 더욱 그렇다. 그래서 우리는 성경을 읽으면서 '동행'이라는 말을 수시로 발견하고 있지만 선사시대의 공룡처럼 직접 경험할 수 없다. 그렇지만 하나님이 과거의 하나님이 아니라 현재도 살아 계시는 하나님이며 성경 속의 위인뿐 아니라 지금의 우리에게도 동일하게 나타내시는 분이라면 '동행'이라는 말 역시 우리에게도 가능한 표현임에 틀림없다. 그럼에도 이러한 사실을 직접 체험할 수 없다는 현실이 더욱 아쉽기만 했다. 비밀스럽고 신비한 내용일수록 더욱 알고 싶듯이, 필자는 '동행'이라는 단어가 한동안 가슴에 꽂혀 사라지지 않았다.

2.
하나님이 동행하신 성경의 위인들

* 에녹

창 5:24

에녹이 하나님과 동행하더니 하나님이 그를 데려가시므로 세상에
있지 아니하였더라

* 노아

창 6:9

이것이 노아의 족보니라 노아는 의인이요 당대에 완전한 자라 그
는 하나님과 동행하였으며

* 아브라함

창 17:4

보라 내 언약이 너와 함께 있으니 너는 여러 민족의 아버지가 될지라

* 이삭

창 26:28

그들이 이르되 여호와께서 너와 함께 계심을 우리가 분명히 보았
으므로 우리의 사이 곧 우리와 너 사이에 맹세하여 너와 계약을 맺
으리라 말하였노라

* 야곱

창 31:3

여호와께서 야곱에게 이르시되 네 조상의 땅 네 족속에게로 돌아
가라 내가 너와 함께 있으리라 하신지라

* 요셉

창 39:2

여호와께서 요셉과 함께 하시므로 그가 형통한 자가 되어 그의 주
인 애굽 사람의 집에 있으니

* 모세

출 3:12

하나님이 이르시되 내가 반드시 너와 함께 있으리라 네가 그 백성
을 애굽에서 인도하여 낸 후에 너희가 이 산에서 하나님을 섬기리
니 이것이 내가 너를 보낸 증거니라

＊ 여호수아

수 1:5

네 평생에 너를 능히 대적할 자가 없으리니 내가 모세와 함께 있었
던 것 같이 너와 함께 있을 것임이니라 내가 너를 떠나지 아니하며
버리지 아니하리니

＊ 기드온

삿 6:16

여호와께서 그에게 이르시되 내가 반드시 너와 함께 하리니 네가
미디안 사람치기를 한 사람을 치듯 하리라 하시니라

＊ 다윗

삼상 18:12

여호와께서 사울을 떠나 다윗과 함께 계시므로 사울이 그를 두려
워한지라

＊ 바울

행 18:10

내가 너와 함께 있으매 어떤 사람도 너를 대적하여 해롭게 할 자가
없을 것이니 이는 이 성중에 내 백성이 많음이라 하시더라

이 말씀처럼 성경의 위인들에게 하나님이 동행하신 흔적은 수없이 많
다. 에녹의 다른 행적은 알 수 없지만, 하나님이 그와 동행하심으로 죽

음을 맛보지 않고 천국에 들어갔으며 노아를 통해 악한 인간들을 멸망시키는 홍수에서 벗어나 인류의 구원계획을 실현하셨다. 아브라함은 믿음의 조상이 되었으며 이삭은 평생을 어려움 없이 평안하게 살았다. 야곱은 하나님과 싸워 새로운 이름을 얻고 이스라엘 12지파의 아비가 되었으며 그의 아들 요셉은 하나님과 함께하심으로 이방의 노예에서 일약 초강대국 이집트 국무총리가 되었다. 모세는 이스라엘 백성을 이끌고 이집트를 탈출한 강력한 지도자로 홍해를 가른 기적의 인물이 되기도 했으며 여호수아는 그 뒤를 이어 백성들의 수장이 되었다. 기드온은 겨우 300명만으로 수만 명의 미디안과 아말렉 군사들을 쳐서 기적적인 승리를 거두었으며 다윗은 하나님의 총애를 입어 이스라엘 왕국의 토대를 세웠고 백성들이 하나님을 섬기는 모범을 보여 주었다.

신비한 사건을 통해 회심하여 예수님의 사도가 된 바울은 놀라운 지혜로 많은 성경을 기록하였고 탁월한 능력으로 이방인 선교의 기초를 닦았다. 어디 그뿐일까? 여기에 소개하지 않은 인물들의 행적도 하나님이 동행하심으로 도우심을 받아 놀라운 능력으로 하나님의 구원계획을 완성하는 도구로 귀한 쓰임을 받았으며 일평생을 평안하고 형통하게 살았음은 물론이다.

3.

마태복음 효과

마 13:12

무릇 있는 자는 받아 넉넉하게 되되 없는 자는 그 있는 것도 빼앗
기리라

이 말씀은 다른 복음서와는 달리 유독 마태복음에 여러 번 나온다는
특징 때문에 붙여진 별명이다. 이 말씀의 뜻은 자본주의의 두드러진 경
제현상인 부익부 빈익빈을 말하고 있다. 있는 자는 이미 많이 받아 풍부
함에도 불구하고 더 받게 되지만 없는 자는 있는 것까지 빼앗기는 철저
한 결핍을 경험한다는 뜻이다. 인본주의 사고가 머릿속에 자리 잡은 우
리들은 하나님이 민주적이고 공평한 원칙으로 세상을 다스린다고 생각
하기 십상이다. 물론 그러한 면도 없지 않겠지만, 하나님의 나라는 성경
에 밝힌 하나님의 뜻대로 통치하는 왕국이다. 마태복음 25장에 나오는
달란트 비유에서 주인은 종들에게 공평한 액수의 돈을 나누어 준 것이
아니라 재능에 따라 차등적으로 나누어 줌을 보여 주고 있다. 물론 사람

들은 하나님의 차별적인 원칙에 불평불만이 많겠지만 세상을 다스리는 하나님의 원칙은 우리의 기준과 다름을 분명하게 보여 주고 있다. 이를 더욱 구체적으로 밝힌 곳이 마태복음 20장의 포도원의 품꾼들의 비유이다. 아침 일찍부터 일한 품꾼들은 오후에 와서 잠깐 일한 품꾼보다 더 많이 받을 것을 당연히 기대하고 있었지만 그들의 달콤한 상상은 여지없이 깨어진다. 주인은 품꾼 개개인에게 약속한 몫을 지키는 것에 자신의 잘못이 없다고 밝히면서 다른 품꾼에게 어떻게 주든 그것은 다른 사람들이 관여할 바가 아니라고 잘라 말하고 있다. 즉 품꾼들의 삯을 정하고 나누어 주는 것은 주인의 독단적인 주권 사항이라는 것이다.

하나님의 함께하심과 마태복음 효과가 아무런 관계가 없는 것처럼 보이지만 사실 밀접한 관계가 있다. 마태복음 효과는 우리가 생각하듯이 교회에 나가면 하나님의 능력을 체험하고 도우심을 받을 거라는 기대와는 달리, 소수의 사람들만이 은혜를 경험한다는 사실이다. 즉 하나님과 동행하는 은혜를 경험한 사람들은 성경의 위인에게 국한되었던 것처럼, 이 시대에 아주 드물게 나타나는 현상과 일맥상통한다. 결론적으로 하나님과 동행하는 영광을 체험하는 사건이 이 시대에 아주 희귀한 까닭은 하나님의 뜻을 깨닫고 그 뜻대로 행하는 사람들이 무척이나 적다는 사실을 말해 주고 있는 것이 아닐까?

마 7:21~23

나더러 주여 주여 하는 자마다 다 천국에 들어갈 것이 아니요 다만 하늘에 계신 내 아버지의 뜻대로 행하는 자라야 들어가리라 그 날에 많은 사람이 나더러 이르되 주여 주여 우리가 주의 이름으로 선지자 노릇 하며 주의 이름으로 귀신을 쫓아 내며 주의 이름으로 많은 권능을 행하지 아니하였나이까 하리니 그 때에 내가 그들에게 밝히 말하되 내가 너희를 도무지 알지 못하니 불법을 행하는 자들아 내게서 떠나가라 하리라

우리는 교회에 나와 예수님을 그리스도라 믿으며 주일예배를 성실하게 드리면 천국에 들어갈 것을 의심하지 않고 있지만 성경은 우리의 기대에 찬물을 끼얹는다. 예수님을 믿지 않고는 천국에 들어갈 수 없겠지만, 그것은 단지 필요조건에 불과하지 필요충분조건이 아니라는 것이다. 천국에 들어가려면 하나님 뜻대로 행해야 한다는 것이 남은 조건을 채우는 일이다. 그렇지만 우리들은 교회에서 요구하는 희생적인 신앙 행위를 성실하게 행하면 하나님의 뜻대로 사는 것임을 믿어 의심치 않는다. 위의 말씀에 의하면, 예수님을 주로 고백하는 것은 물론이고 예언을 하고 귀신을 쫓아 내며 이적을 행했던 열정적인 교인임에 틀림없다. 그렇지만 사랑을 행하지 않고 하나님의 뜻에 무지한 자들에게 천국의 자리가 없다는 사실은 냉담한 예수님의 반응으로 보아 어렵지 않게 짐작할 수 있다. 그래서 초청받은 자는 많지만 선택받은 자는 드물고(마 22:14), 천국으로 인도하는 문은 좁고 그 문으로 들어가는 사람들은 적다고 말하고 있다(눅 13:24). 게다가 우리는 교회에 와서 부자가 되기를 애쓰고 있지만, 부자는 천국에 들어가는 일이 희귀한 일일 것이라며 우리의 기대를 무참히 무너뜨리고 있다(마 19:23). 이처럼 천국에 들어가는 것조차 우리가 상상하는 것 이상으로 어려울진대, 하나님과 동행하는 삶이 무척이나 힘든 일임을 쉽게 알 수 있다.

4.

하나님과 동행하는 삶이 어려운 이유

성경의 위인들처럼 하나님과 동행하는 삶을 살 수 있다면 더 이상 무엇을 바랄 것인가? 그렇지만 우리는 하나님과 동행하는 삶에 대한 것이 어떤 느낌인지조차 모르고 있는 게 현실이다. 교회에서도 설교나 기도 때마다 약방의 감초처럼 성령 충만과 하나님의 축복을 빼놓지 않고 있지만 현장의 삶에 특별한 능력을 보여 주지 못한다면 사어(死語)에 불과할 것이다. 필자는 오래전부터 하나님과 동행하는 삶이 무엇인지 알려고 무진 애썼다. 적지 않은 기도와 말씀의 묵상을 통해 깨달음을 얻기를 원했다. 그렇지만 이를 깨닫는 것은 무척이나 힘든 과정이었다. 그간에 교회에서의 설교나 교육을 통해 하나님과의 동행에 대한 가르침을 얻지 못한 일들은 그렇다 치고, 그동안의 신앙생활로 인한 고정관념과 종교적인 관행은 깨달음에 걸림돌이 될 뿐이었다. 그렇게 몇 년이 흘렀고 지쳐 포기하려다가 다시 무언가의 힘에 의해 다시 마음을 새롭게 하여 간절히 매달리는 시간들이 반복되었다.

하나님이 기뻐하시는 기도를 하고자 근거 없는 관행에서 벗어나 성경적인 기도를 시도하려고 애썼고, 성령이 공급하시는 통찰력을 통해 말씀에 대한 철저한 깨달음을 얻으려고 노력했다. 수많은 시간들이 흘렀을 때, 마치 깊은 밤을 넘어 새벽이 다가올 무렵 칠흑 같은 어둠 속에서도 한 줄기 환한 빛이 새어 나오듯이 깨달음을 얻게 되었다. 하나님이 동행하는 삶이란 하루 종일 하나님의 생각으로 가득 찬 삶을 말하는 것이다. 하루 종일 하나님과 깊고 친밀한 기도를 하려고 애쓰다 보면 자연스레 중간중간 자신의 의지가 아닌 영으로 기도하는 모습을 발견하게 되며, 기도가 간구만이 아니라 찬양과 감사와 회개가 어우러진 하나님과의 대화임도 깨닫게 되었다. 사실 하루 종일 자신의 욕심을 채우는 간구를 한다는 건 무의미한 일이지만, 하나님의 뜻을 구하는 간구와 더불어 찬양과 감사를 하면 할수록 기쁘고 평안한 마음으로 가득 차게 됨을 경험하기도 했다. 또한 말씀에 대한 깊은 묵상은 성경을 수시로 읽고 마음에 새기는 시간들로 하루를 채워야 한다는 사실도 알게 되었다. 그렇지만 이런 행위들이 정작 새로운 게 아니라 성경에 적잖이 소개되어 있다. 그렇지만 우리는 그동안 교회에서 배운 기도의 방법이 새벽기도나 철야기도 등 교회에 와서 기도하는 것을 전부로 알게 되었고, 성경을 읽는 것도 훈련이 되지 않아 하루에 몇 장을 정해 읽는 것도 쉽지 않기에 그동안 설교 때 들은 성경 지식으로 때우기도 했다. 그러다 보니 머릿속에 성경 지식이 턱없이 부족했기에 하나님의 뜻을 깨닫는 데 필요한 묵상할 자료조차 없었다. 개인적으로 하나님을 만나는 경건의 훈련이 없었고, 교회 중심의 예배나 기도만이 신앙을 성장시키는 척도로만 알고 있었기에 하나님과 동행하는 삶이 구체적으로 무엇인지 깨닫는 것이 더욱 어려웠던 것도 사실이다.

게다가 성경의 위인들의 삶의 환경과 현대를 살아가는 우리가 접하는 생활환경은 너무 차이가 난다. 하나님과 동행한 구약의 성경의 위인들은 주변에 교회나 목사도 없었다. 그들의 직업은 대부분 목자였기에 양을 몰고 하루 종일 들판에서 보내는 게 고작이었다. 쇼핑할 백화점과 수다를 받아줄 친구도 없었고 TV나 인터넷 게임은 물론 문자를 주고받는 핸드폰도 언감생심이었다. 해가 지면 금방 어두워지기에 기름을 아끼려고 일찍 잠이 들어야 했다. 말하자면 우리가 그분들의 처지라면 무료하고 심심해서 죽을 지경일 게다. 거꾸로 말하자면 이들의 조용하고 평안한 일상의 삶이 하나님을 늘 만날 수 있는 최적의 환경이 되었음은 말할 것도 없다. 그렇지만 현대를 사는 우리 주변에는 관심을 끄는 것들이 너무 많고 마음을 빼앗는 것들로 가득 차 있다. 아무리 기도하려 애써도 TV나 영화, 인터넷 게임 등이 관심을 빼앗아 가며, 높아진 생활 수준을 유지하려면 아침부터 밤늦게까지 일터에서 정신없이 바쁘게 일해 돈을 벌어야 한다. 기도하고 싶어도 시간이 없고 말씀을 읽고 묵상하고 싶어도 그럴 틈이 없다. 그럴 시간이 있다면 모자란 잠을 채우기도 부족하다. 하나님과 동행하는 삶을 생각한다면 최악의 환경 속에서 살고 있는 셈이다. 또한 성경이 기록된 시대의 사람들의 직업은 대부분 목축업이나 농업이었다. 1차 산업은 자연환경에 따라 수익과 손실이 판가름 난다. 풍년이 들려면 충분한 일조량과 강수량이 필수적이며 수확기에 태풍이 없어야 가능하다. 목축업의 성패도 가축이 새끼를 잘 낳아 주고 목초지가 풍부한 자연환경이 절대적이다. 그렇기에 이들의 삶의 터전은 자연환경을 다스리는 하나님의 존재에 절대적인 믿음을 갖기에 좋은 풍토였다. 그러나 현대 시대는 인간의 지식과 지혜로 쌓아 올린 과학 문명이 발달하고 돈이 하나님의 자리를 제친 물질주의 시대이다. 그래서 하나님이나 귀신 등의 영적인 존재는 미신으로 치부하기 일쑤이다. 이 시대에 견고한 믿음을 갖는 것은 옛날에 비해 무척이나 어려워졌다. 주일날 교회에 와서 한 시간 예배를 드리는 일도 쉽지 않고 매일 새벽기도를 나간다면 놀라운 신앙의 소유자로 여기게 된다. 이처럼 성경의 위인들이 겪었던 생활환경과 너무 차이가 나기에 하나님과 가까이하고 싶다면 굳센 의지로 자신과 세상과의 싸움에서 매일 승리해야 겨우 가능한 일이다.

그렇지만 어려운 이유를 대며 궁색한 변명을 한다고 해결될 일은 아니다. 우리의 인생은 연습이 없다. 영원한 천국에 들어갈 수 있는 기회를 잡은 것도 지금이 유일하다. 게다가 이 땅에서 평안하고 형통한 삶을 살 수 있는 비결이 존재하고 있는 것만 해도 감사할 일이 아닌가. 어떻게 생각하든 운명을 바꾸는 것은 우리가 결정할 영역이 아니다. 우리에겐 다만 주어진 인생을 어떻게 살아갈 것인가의 선택만이 남아 있다. 하나님과 동행하는 삶이 쉽지 않은 것은 당연한 일이다. 눈만 뜨고 귀만 열면 세상과 세상의 것들로 마음을 빼앗기는 환경에서 영적인 것에 관심을 갖고 산다는 것은 날마다 영적인 전쟁터에 있음을 깨달아야 하는 일이기 때문이다. 그래서 천국에 들어가는 사람들은 적은 수에 불과하다고 성경에 못 박은 이유인지 모르겠다. 안타깝게도 우리는 이 같은 사실을 망각한 채, 천국이 대형교회에서 단체로 들어가는 곳이며 주일성수에 십일조만 드리면 어렵지 않게 얻어지는 입장권처럼 여기고 있지는 않은 가. 그런 처지에 하나님과 동행하는 삶에 관심을 가지고 이를 얻고자 애 쓰는 영적인 사람들을 만나는 게 쉽지 않은 현실이다.

5.

동행의 조건

　고단하고 외로운 여행길에서 같은 여행자를 만나면 반가운 일이다. 그렇지만 만남의 기쁨도 잠시, 살아가는 방식이나 대화에서 호감을 발견할 수 없다면 같이 있는 것 자체가 괴로울 수 있다. 게다가 상대에게 불편을 주거나 배려가 부족한 이기적인 사람이라면 더욱 그러할 것이다. 그렇다면 짧은 인연을 뒤로한 채, 작별의 인사를 나누고 외로움을 즐겼던 이전의 방식을 찾아 서로 각자의 길을 떠날 것이다. 크리스천이라면 고단한 삶에서 하나님의 동행을 간절히 원하지만 소망을 이룬 사람들은 드물다. 성경에서 약속한 선물을 누구에게나 주시기를 원하는 그분의 성품으로 볼 때 차별을 하고 있다는 생각은 들지 않지만, 하나님이 동행하는 사람들은 특별한 조건을 충족시켜야 가능할 것임이 틀림없다.

1) 영혼의 갈증

　시 42:1

하나님이여 사슴이 시냇물을 찾기에 갈급함 같이 내 영혼이 주를
찾기에 갈급하니이다

당신은 지금 갈급하게 하나님을 부르고 애타게 찾고 있는가? 물론 예
전에는 가끔 그런 때도 있었겠지만 지금은 평안하게 신앙생활을 하며
별 불편하지 않게 살아가고 있다. 물론 작금의 경기침체와 나이가 들어
가며 나빠지는 건강에 대한 불안감이 없는 것은 아니지만 그동안 어렵
사리 마련한 집과 생계비를 버는 직업이 있고 여러 보험에 들어 있어 그
다지 걱정할 만한 일은 아니다. 수십 년간 교회를 다니면서 하나님이 지
켜 주시리라는 믿음도 있기에 장래 일은 염려하지 않는다. 신앙과 삶에
대한 이러한 상태가 대부분의 크리스천들이 경험하는 현실일 것이다.
아무런 걱정 없이 편안하게 살아간다면 우리가 바라는 최상의 삶일지는
모르겠지만 실상은 무료함과 게으름, 타성에 젖은 형식적인 신앙생활을
반복하며 재산과 직업, 연금을 의지하거나, 지금까지의 살아온 경험에
비추어 보아 앞으로도 별문제가 없을 거라고 생각하기 십상이다. 막연
한 두려움으로 다가오는 천국에 들어가는 자격도, 예수 그리스도를 구
세주로 믿는 믿음으로 주일성수를 빼먹지 않고 나름대로 십일조도 성실
하게 드려 왔다고 생각하므로 그다지 어렵지 않을 거라고 여긴다. 가끔
씩 생활에 문제가 없는 것은 아니지만 이러한 삶의 구도에 큰 변화가 없
는 게 대부분의 크리스천들의 모습이 아닌가? 이러한 삶의 여유(?)가 하
나님을 믿는 견고한 믿음에서 나왔다면 모르겠지만, 개발도상국에 비해
상대적으로 부유한 나라에 태어나 든든한 직장이나 쌓아 놓은 재산을
의지하는 믿음에서 비롯되었다면 하나님과 동행해야 하는 이유조차 모

를 게 뻔하다.

삶에 대한 갈증은 하나님을 찾게 되는 가장 주요한 원인이다. 예수님의 공생애 시절에도 그를 찾아온 군중들은 그리스도를 만나고 싶어 온 것이나 강압적인 방법으로 지배하는 로마군을 쫓아달라는 정치적인 이유가 아니라, 그들을 괴롭히는 질병을 낫게 하고 귀신에게서 벗어날 수 있다는 희망 때문이었다. 치료기관이나 약이 변변치 못한 그 당시의 사람들은 온갖 질병에 시달리고 있었기에 예수님의 치유 소식은 오랜 가뭄에 소나기 같은 반가운 소식이었을 것이다. 맹인이나 앉은뱅이 같은 평생 불구자로 살아야 하는 이들도 귀가 번쩍 뜨이기는 마찬가지였다. 죽은 이도 살렸다는 기적 같은 소문은 이스라엘 방방곡곡으로 순식간에 퍼졌다. 치유를 받은 이들은 예수님을 비범한 인물로 다시 생각하게 되었고 그리스도로 받아들이게 된 것은 당연한 수순이었다. 설령 그리스도가 다시 나타났다고 하더라도 목이 타 들어가는 삶의 갈증이 없었다면 예수님을 만나러 만사를 제쳐 놓고 한걸음에 달려오기는 쉽지 않았을 것이다.

사 55:1
오호라 너희 모든 목마른 자들아 물로 나아오라 돈 없는 자도 오라
너희는 와서 사 먹되 돈 없이, 값없이 와서 포도주와 젖을 사라

하나님과 동행하는 조건으로 가장 먼저 꼽는 것은 예나 지금이나 다름없다. 삶의 지난한 문제를 해결하고 싶은 갈망이 최우선의 동기이다. 삶

의 문제들은 가난이나 직업취득, 사업침체, 악성부채, 대인관계의 갈등이나 우울증 혹은 치유하기 힘든 질병 등일 것이다. 자신의 능력으로 해결하기 힘든 문제를 가지고 씨름하다가 부족함을 깨닫기에 하나님의 도움을 기대하게 된다. 기성 교인들도 예전에 전도를 권유받았을 때 그런 동기로 교회에 발을 디디게 된 사람이 적지 않다. 말하자면 삶의 시련이나 역경이 하나님을 만나게 되는 기회를 제공한 셈이다. 야곱도 고향과 부모를 떠나 외삼촌 라반의 집으로 가는 위험하고 고달픈 여행길에서 하나님을 만났고, 요셉도 이방인 노예의 몸으로 억울한 누명을 쓰고 지하 감옥에서 공포에 휩싸인 채 죽음을 기다리는 처지였기에 하나님만이 유일한 희망이었을 것이다. 이스라엘 왕인 다윗조차도 그의 일생은 수없는 고난과 역경이 반복되었기에 하나님을 애타게 찾는 동기부여가 되었음은 그가 지은 시편에 잘 나타난다. 물론 평안한 삶에 필요한 외부적인 조건의 결핍만이 갈증을 일으키는 것은 아니다. 미래의 불확실성에서 기인한 불안하고 두려운 영혼의 상태나, 이 땅에서의 삶이 일시적이고 유한하기에 허망하고 허전하게 느끼는 마음도 갈증을 불러일으킨다. 인생무상의 감정은 인간존재에 대한 정체성이나 삶의 목적에 대한 무지에서 나온다. 이 같은 현상은 자신의 존재 이유를 깨닫지 못할 때 누구에게나 나타나지만, 대부분의 사람들은 무지와 어리석음으로 잊고 지내거나 체념하며 운명처럼 받아들이고 있다.

삶의 문제를 해결하는 과정에서 하나님을 만난 사람들은 갈증이 사라지만 자연스레 하나님과의 만남도 멀어진다. 외부적인 결핍으로 생긴 문제를 해결하면서 하나님이 주시는 평안과 기쁨도 알게 되기에 하나님과 다시 멀어진다면 영혼에 대한 또 다른 갈증이 생겨나지만 세상의 것에 대한 쾌락으로 대신하거나 정신없이 바쁘게 살다 보면 영혼의 갈증조차 잊게 된다. 그래서 또다시 삶의 역경이 지난 과거사를 들출 때까지 하나님을 잃어버리고 살게 된다. 물론 이들이 정규적인 신앙 행위를 하지 않는 것은 아니다. 주일예배는 물론 각종 공식 예배나 기도회에 참석하며 희생적인 신앙생활을 하겠지만 개인적인 하나님과의 친밀한 관계는 없다. 형식적인 종교 행위를 반복할 뿐이다. 이따금 과거에 기쁘고 즐거웠던 시절을 기억하며 그 시절이 돌아오기를 소원하기도 하지만 일상의 삶에서 하나님을 찾는 훈련이 없고 습관을 들이지 못했기에 단지 꿈에 불과할 뿐이다. 삶의 역경이나 고난은 불을 지피는 불쏘시개의 역할에 불과하다. 불꽃을 항상 유지하지 위해서는 영혼의 갈증을 민감하게 느끼고 이를 채우려는 노력이 현장의 삶에서 언제나 지속되어야 한다.

2) 하나님은 못 하실 것이 없다는 굳건한 믿음

믿음이 하나님과 동행하는 조건이라는 것을 아는 것은 너무도 쉬운 문제처럼 보이지만 믿음이 동반하는 능력을 삶에서 체험하는 것은 드문 일이다. 믿음에는 비밀이 숨겨져 있기에 날카로운 통찰력과 깊은 깨달음이 없이는 도무지 알 수 없는 영역이기 때문이다. 그래서 '믿음'은 크리스천이라면 귀에 닳도록 들은 흔한 단어이지만 신앙의 깊이와 깨달음에 따라 천차만별로 받아들인다. 하나님과 동행하는 삶에는 당연히 믿음이 동반되어야 하겠지만, 자신의 생각과는 달리 하나님이 요구하시는 견고한 믿음이 없다면 허망한 결과만을 맛볼 뿐이다.

눅 17:6

주께서 이르시되 너희에게 겨자씨 한 알만한 믿음이 있었더라면
이 뽕나무더러 뿌리가 뽑혀 바다에 심기어라 하였을 것이요 그것
이 너희에게 순종하였으리라

예수님의 이 말씀은 당황스럽게도 귀신들린 아이에게서 귀신을 쫓아
내지 못하는 수모를 당한 제자들이 머쓱해져서 조용히 그 이유를 묻자
믿음의 부족이라고 밝히시면서 이어 강조하신 말씀이다. 결론은 제자들
에게 귀신을 쫓아낼 만한 믿음이 없었다는 말이다. 그렇다면 제자들에
게 그 정도의 믿음조차 없었다는 말인가? 고향과 가족을 버리고 예수님
을 그리스도로 섬기고 따르면서 놀라운 기적과 이적을 가까이서 지켜보
았으며 예수님의 명령을 따라 귀신을 쫓아내고 질병을 낫게 한 경험이
있는 제자들에게 믿음이 부족하다고 지적하신 것은 우리를 당황케 한
다. 그렇지만 한편으로는 겨자씨만 한 작은 믿음일지라도 놀라운 능력
의 소유자가 될 것이라고 성경에 약속하신 말씀을 우리가 현장의 삶에
서 체험할 수 없는 이유를 밝히는 주요한 단서를 제공하고 있다.

예수께서 요구하는 믿음과 우리의 믿음은 격차가 크다

우리가 생각하는 믿음의 내용을 생각해 보자. 성경이 만고의 진리임
을 굳게 믿으며 구세주이신 예수께서 우리의 죄를 대신하여 십자가에
돌아가심으로 하나님과 관계가 회복되어 이 믿음을 지킨다면 영원한 생
명을 얻을 수 있다는 게 요지일 것이다. 그래서 이러한 믿음을 보여 주는
가장 중요한 것으로 주일예배를 성실하게 드리는 것이 우선이고 믿음의

분량에 따라 교회에서 정한 정규예배와 더불어 십일조와 새벽예배, 각종 봉사까지 지극한 정성으로 섬긴다면 견고한 믿음의 소유자라고 할 것이다. 물론 이러한 행위도 믿음의 바탕에서 나온 것임에 틀림없다고 여겨지겠지만, 성경에서 밝힌 하나님의 뜻에 부합하여야 하며 믿음의 능력이 삶에 드러나야 한다.

마 7:21
나더러 주여 주여 하는 자마다 다 천국에 들어갈 것이 아니요 다만
하늘에 계신 내 아버지의 뜻대로 행하는 자라야 들어가리라

먼저 우리는 주 예수를 그리스도로 굳게 믿으면 천국에 들어갈 것을 믿어 의심하지 않겠지만 성경은 우리의 생각과 다르다. 예수님 외에 천국에 들어갈 다른 방법이 없는 것은 사실이지만 그것이 전부가 아니라는 뜻이다. 즉 예수님을 믿는 것은 필요조건에 불과하며 하나님 뜻대로 행하는 자라야 필요충분조건을 채우게 된다. 그렇지만 하나님의 뜻을 깨닫고 실행하는 것은 만만한 일이 아니다. 성경을 날마다 읽고 묵상하며 성령의 내주하심으로 친밀하게 교제하며 지혜와 통찰력을 얻어 깊은 깨달음을 삶에 적용해야 가능하다. 그렇지만 우리는 주일예배에 성실하게 참석하며 십일조를 드리고 있다면 믿음이 있다고 생각하기 십상이다. 그렇지만 이는 성경에 밝힌 기준과는 큰 차이를 보이고 있다. 물론 예수님을 구세주로 믿고 주일예배에 참석하는 것도 믿음의 행위인 것은 분명하지만 이 같은 행위는 작은 믿음에 불과하다는 것이다. 하나님이 원하시는 믿음은 이에 그치지 않고 하나님 뜻대로 삶에 적용해야 한다

고 말씀하신다.

마 5:20

내가 너희에게 이르노니 너희 의가 서기관과 바리새인보다 더 낫
지 못하면 결코 천국에 들어가지 못하리라

바리새인과 서기관은 그 당시 유대교에 관심이 없는 일반인들과 비교
해서 종교 엘리트로 자부심이 대단하였으며 자신들의 신앙심을 드러내
보이는 것을 즐겼다. 그들은 철저한 안식일, 하루 세 번의 기도 생활, 꼼
꼼한 십일조는 기본이었으며 600여 가지의 율법은 철저하게 지켰다. 그
렇지만 예수님은 이들을 혹독하게 책망하였으며 이들의 의를 넘어서지
못한다면 천국에 들어갈 수 없다고 경고하였다. 그들은 희생적인 신앙
행위에는 열심이었지만 정작 중요한 거룩한 성품, 종교적인 동기나 내
면의 세계가 하나님의 뜻에 맞지 않았다. 즉 신앙 행위의 목적이 하나님
의 뜻을 이루는 것이 아니라 희생적인 신앙 행위 자체를 하나님이 기뻐
하시는 것이라고 잘못 알고 있었기 때문이다. 우리는 믿음이 견고한 척
도로 희생적인 믿음의 행위를 생각하기 쉽다. 물론 하나님의 뜻에 부합
된 믿음의 바탕에서 나온 행위라면 더할 수 없이 좋겠지만 다만 형식적
인 신앙 행위에 불과하다면 아무런 소용이 없다. 견고한 믿음이란 희생
적인 행위 이전에 거룩한 성품을 근간으로 하는 하나님의 의가 바탕이
되어 있어야 한다.

하나님과 동행하는 믿음

갈 2:20
내가 그리스도와 함께 십자가에 못 박혔나니 그런즉 이제는 내가
사는 것이 아니요 오직 내 안에 그리스도께서 사시는 것이라 이제
내가 육체 가운데 사는 것은 나를 사랑하사 나를 위하여 자기 자신
을 버리신 하나님의 아들을 믿는 믿음 안에서 사는 것이라

하나님과 동행하는 믿음을 간결하게 표현한 말씀이 이 바울의 고백이
다. 우리가 생각하는 믿음은 단지 예수님을 그리스도로 고백하며 성실한
신앙생활을 지키면 될 것이라고 여기고 있지만, 바울은 자신 안에 그리
스도가 거주하는 믿음의 수준을 말하고 있다. 즉 날마다 자신의 욕심이
아니라 하나님의 뜻대로 살려고 애쓰며 성령이 내주하시는 하나님의 나
라가 임하는 믿음의 경지를 일상의 삶에서 실천해야 한다는 것이다. 은
혜를 받았을 때 혹은 가슴 뭉클한 감동이 오거나 기도 응답이 이루어졌
을 때는 믿음으로 살려고 결심하지만 오래 가지 못한다. 그 이유는 세상
일로 관심을 빼앗겨 마음이 둔하여지며 하나님을 잊고 살기 때문이다.

롬 12:2
너희는 이 세대를 본받지 말고 오직 마음을 새롭게 함으로 변화를
받아 하나님의 선하시고 기뻐하시고 온전하신 뜻이 무엇인지 분
별하도록 하라

세상과 세상의 것에 빼앗긴 마음을 하나님께로 돌리는 것은 변화를 받아 마음을 새롭게 하는 경건의 습관이 필요하다. 하나님의 생각이 가득 찬 삶을 살려고 애쓰는 것은 흘러가는 강을 거꾸로 거슬러 노를 젓는 행위와 비슷하다. 노 젓기를 중단하고 가만히 있으면 제자리에 있는 것이 아니라 떠내려간다. 둔하여진 마음을 채찍질하여 새롭게 하려고 애쓰고, 잠들지 않고 깨어 있으려면 날마다 쉼 없이 하나님의 생각으로 가득 채워 기도하며 찬양하고 말씀을 읽고 묵상하는 행위가 끊임없이 계속되어야 한다. 믿음이란 자동차의 배터리 같아서 계속해서 충전시키지 않는다면 곧 방전되고 만다. 형식적인 신앙 행위를 오랫동안 지속하고 있지만 하나님이 내주하시는 믿음이 방전된 채로 교회를 오가는 사람들이 적지 않은 이유이다. 믿음이란 머릿속에 기억된 지식이 아니라 가슴속에서 날마다 살아 숨 쉬는 생명체와 같다. 깨어서 기도하며 마음이 둔하여지지 않도록 성령으로 채우는 행위를 멈추지 않아야 한다. 그렇게 하지 않는다면 세상 지혜와 인간적인 지식과 경험이 믿음을 무너뜨리고 사로잡아 가기에 믿음이 오랫동안 지속되지 못하고 순식간에 사라진다. 성경은 믿음으로 기도한 것은 받은 줄로 믿으라고 소리치고 있지만, 우리의 마음속에는 기도가 끝나기가 무섭게 믿음이 사라지기에 하나님의 능력이 임하지 않는 것이다. 기도의 응답이 올 때까지 기다리는 동안, 수백 번도 넘게 의심과 걱정이 들어서고 세상의 관심으로 빠져든다. 왕이 된 사울이 사무엘을 기다리는 동안 엄청난 군인들로 이루어진 블레셋 군대가 몰려오자 이스라엘 군사들은 도망치기 시작하는 걸 보고 두려움에 휩싸여 하나님에 대한 믿음을 저버리는 사건 같은 일을 우리는 삶의 현장에서 수없이 경험하고 있는 것이다.

3) 하나님을 닮아 가는 거룩한 성품

> 창 1:27
>
> 하나님이 자기 형상 곧 하나님의 형상대로 사람을 창조하시되 남
> 자와 여자를 창조하시고

부모가 자녀를 낳아 희생적으로 기르는 이유 중의 하나가 자신을 닮았기 때문일 것이다. 자녀가 부모와 닮지 않았다면 지극정성으로 보살피는 것에는 한계가 있다. 그래서 하나님은 모든 생물의 새끼들이 생존할 수 있도록 어미에게 보호본능을 넣어 주면서 어미와 똑 닮은 새끼를 낳아 기르도록 설계하셨다. 하나님은 세상을 창조하실 때 유독 사람만은 자신을 닮게 지으시고 무척이나 좋아하셨다. 하나님의 형상(The Image of God)은 외모뿐만 아니라 내면까지도 닮도록 지으셨다는 말이다. 즉 성품을 포함한 내면의 모습까지 자신의 형상과 똑같이 지으셨기에 그토록 기뻐하셨을 것이 틀림없다. 그렇다면 내면의 모습이 당신의 성품을 닮은 사람을 가장 가까이 두고 싶을 게 뻔하다. 그렇지만 우리는 교회 예배에서 하나님이 원하시는 성품을 가르치는 설교를 듣기가 어렵다. 사람마다 아킬레스건인 부족한 성품이 있게 마련인데, 그것을 건드리면 모두가 고통스러워하며 싫어해서가 아닐까? 어쨌든 하나님과 동행하는 삶을 얻으려면 하나님이 원하시는 깨끗하고 따뜻한 성품을 닮아 가지 않고는 불가능한 일이다. 그래서 이 시대에 하나님과 동행하는 사람이 드문 이유인지도 모르겠다.

성령의 열매

갈 5:22~23

오직 성령의 열매는 사랑과 희락과 화평과 오래 참음과 자비와 양
선과 충성과 온유와 절제니 이같은 것을 금지할 법이 없느니라

우리는 교회에서 성령 충만을 수도 없이 요청받고 있다. 성령 충만이
란 말 그대로 하나님의 영인 성령이 내 안에 가득 찬 상태이다. 이러한
상태가 오래 지속되면 열매를 맺게 되는 데 그 열매의 종류들을 바울이
조목조목 설명하고 있다. 열매의 특징은 한마디로 내면의 세계인 거룩
한 성품을 말하고 있다. 하나님이 오랫동안 내주하시면 그분의 성품을
닮아 가게 되는 것이다. 그렇지만 우리들은 교회에서 성령 충만의 결과
로 듣게 되는 것이 예배나 전도, 헌금, 봉사 등의 희생적인 신앙 행위들
이다. 교회지도자들이 요청하는 신앙 행위들이 믿음을 비롯한 내면의
동기가 하나님이 기뻐하시는 뜻 안에서 이루어지겠지만 중요한 것은 성
령의 열매로 지목된 성품들이 풍성하게 드러나야 한다는 사실이다. 그
러나 교회에서의 직책이 무거우며 신앙의 연륜이 오래되어 성실한 신앙
생활을 하고 있어 보이지만 부족한 성품으로 사람들의 입방아에 오르내
리는 사람들이 적지 않다. 성령이 내주하지 않는 삶의 결과이다.

"세 살 버릇 여든 간다."는 속담처럼, 사람마다 부족한 성품은 있게 마
련이며 천성적으로 부족한 성품을 고치는 것은 실로 어렵다. 또한 현대
사회처럼 바쁘고 각박한 환경에 사는 우리는 조선 시대의 유유자적한

환경에서 살았던 조상들과 상황이 다를 수밖에 없다. 물질주의 사회에서 부를 좇는 사람들에게 탐욕과 조급함이 스며드는 것은 당연한 일이다. 그렇지만 부족한 성품을 체념하고 당연하게 받아들인다면 삶이 고단하고 팍팍할 뿐 아니라 하나님과의 동행하는 은혜를 체험할 수 없다. 물론 전지전능한 하나님의 능력이 임한다면 못할 일도 없겠지만 고치려고 애쓰는 노력을 기울이는 사람들에게 주어진 몫이다. 애쓰고 노력하는 자세를 보일 때 성령의 도우심을 경험하게 된다. 그렇지만 안타깝게도 자신의 부족한 성품을 인정하지도 고치려는 노력도 보이지 않는 크리스천이 주변에 너무 많다. 부족한 성품을 바꾸려는 노력 없이 맹목적인 믿음을 앞세우고 희생적인 신앙 행위를 통해 자신의 소망을 이루고 탐욕을 채우려는 이들에게 하나님의 동행하심은 언감생심일 것이다.

복 있는 사람

우리나라 사람처럼 복을 소망하는 민족도 드물 것이다. 그래서 교회에 나오면 축복을 받는다는 말이 귀에 못이 박이도록 듣게 된다. 우리가 생각하고 받아들이는 축복의 내용은 무엇일까? 부와 명예, 건강, 성공을 비롯한 현세적이고 지상적인 축복이 대부분일 것이다. 그렇지만 우리의 바람이 무색하게도 예수님의 산상수훈으로 회자되는 팔복은 이와 다르다. 축복의 내용도 영원한 삶을 얻게 되는 천국의 자격만 말할 뿐 이 땅에서 잘 먹고 잘사는 내용은 일언반구도 없다. 그뿐만이 아니다. 축복의 조건도, 마음이 가난하거나 온유한 자, 불쌍히 여기는 자, 마음이 깨끗한 자, 화평하게 하는 자 등 희생적인 신앙 행위가 아니라 하나님이 기뻐하시는 성품을 축복받는 조건으로 열거하고 있다. 예수님은 우리가 일상의 삶에 필요한 재물이 있을 것을 모르는 바는 아니겠지만 전지전능한 당신을 믿고 부지런히 일한다면 세상에서 필요한 재물을 충분히 얻을 것을 알고 계시기에 산상수훈을 통해 영혼의 축복을 강조하셨을 게 뻔하다. 그렇지만 눈이 어둡고 깨달음이 부족한 우리는 여전히 육체를 즐겁게 해 줄 재물에만 관심이 가 있는 것도 사실이다. 진정한 축복은 일시적이고 임시적인 이 땅에서 탐욕을 채우고 쾌락을 즐기고 사는 것보다는 영원한 천국의 자격을 얻는 일일 게다. 그러나 죽음을 경험하지 못한 우리들은 진리에 눈이 멀어 눈앞에 보이는 것만을 얻으려 애쓰고 있으니 안타깝기만 하다. 진정한 복은 육체가 아니라 영혼이 기쁘고 즐거운 나라에 사는 것이기 때문이다.

눅 16:13
집 하인이 두 주인을 섬길 수 없나니 혹 이를 미워하고 저를 사랑하거나 혹 이를 중히 여기고 저를 경히 여길 것임이니라 너희는 하나님과 재물을 겸하여 섬길 수 없느니라

복 있는 사람이 되려면 어떤 복이 영혼과 생명에 우선순위인지 정립할 필요가 있다. 지상적이고 현세적인 복을 얻으려면 재물을 섬겨야 할 것이고 영원한 나라의 복을 얻으려면 하나님을 섬겨야 할 것이다. 대부분의 크리스천은 둘 다 얻으려 하지만 둘 중의 하나를 선택하지 않는다면 둘 다 잃어버릴 공산이 크다. 하나님은 질투의 하나님이시다. 심지어는 소중히 아끼는 가족인 부모나 아내나 자식일지라도 하나님보다 이들을 더 사랑하는 자는 천국의 자격이 없다는 혹독한 말을 하실 정도이다. 이

처럼 복 있는 사람이 되려면 재물을 쌓아 두려는 탐욕보다는 절제와 자족을, 이웃을 불쌍히 여기는 사랑과 자비를, 목이 뻣뻣한 교만을 버리고 자신을 낮추는 겸손을, 조급함보다는 참고 기다리는 인내심을 삶의 습관으로 들이고 몸에 배게 하려고 애써야 할 것이다. 이 땅에서의 삶은 짧고 유한하기에 영원한 삶이 무엇인가 깨닫고 추구하는 것을 잊지 말아야 한다. 이것만이 하나님이 동행하시는 삶과 더불어 진정한 복을 얻는 지혜로운 선택이기 때문이다.

4) 해내고 말겠다는 결단력

결단력은 결단을 내릴 수 있는 능력을 뜻하는 말이다. 어떤 일을 결심하였을 때 유혹에 흔들리지 않고 꿋꿋하게 이행하는 힘으로 강력한 행동력을 보여 주는 내면의 모습이다. 하나님과 동행하는 조건으로 결단력이 있어야 되는 이유는 믿음을 행위로 나타내야 하기 때문이다. 결단력이 없는 믿음은 하나님이 기뻐하지 못하며 오래 지속되지도 못한다. 신앙은 중간지대가 없다. 견고한 믿음을 보여 주는 사람들은 하나님의 능력을 덧입고 계속해서 더 높은 경지로 올라가지만 양쪽에 다리를 걸치고 눈치만 보고 있는 사람들은 시간이 지날수록 작은 믿음조차 사라지고 만다. 처음에는 사소한 차이에 불과하지만 결단력의 유무에 따라 나중에는 전혀 다른 길을 걷게 된다. 한쪽은 점점 믿음의 거장이 되어 가지만, 다른 쪽은 무늬만 크리스천일 뿐 세상 사람과 별 차이가 없이 살아갈 뿐이다.

하나님이 동행하시는 성경의 위인들은 하나같이 결단력이 탁월한 사람들이었다. 믿음의 조상이라 불리는 아브라함은 하나님의 뜬금없는(?) 명령으로 고향과 친척과 부모를 떠나서 정착할 곳조차 모른 채 이삿짐을 꾸렸다. 그 당시는 국가가 형성되지 않아 치안이 부재한 상태였으므로 부족끼리 서로 공동체를 형성해서 생명과 재산을 지켰다. 그럼에도 가족과 재산을 수레에 싣고 부족의 안전망을 표표히 떠난다는 것은 자살행위나 다름없었다. 아브라함은 단지 하나님의 지켜 주심만을 믿고 고향을 떠나는 결연한 믿음을 행동으로 보여 주었기에 하나님의 동행하심과 보호하심을 얻어 낼 수가 있었다. 겨우 삼백 명의 군사만으로 수만의 적군을 물리친 기드온도 놀라운 결단력의 소유자였다. 지금과 달리 그 당시의 전쟁은 몸을 부딪혀 싸우는 백병전이었으므로 군대의 수가 많고 적음이 전쟁의 승패를 가름했다. 그런데 단지 삼백 명의 군사로 수만 명을 상대해 싸우라는 하나님의 명령을 이행하는 데는 목숨을 내놓는 결단력이 없었다면 불가능한 일이었다. 남편이 죽어 과부가 되었지만 평생을 살았던 고향과 가족을 떠나 무지의 땅으로 시어머니를 따라나선 이방 여인 룻도 결단력으로 인해 새로운 행복을 찾았고 다윗을 후손으로 두는 영광을 얻었다. 어디 그뿐일까? 보기만 해도 두려워 떨게 만든 거인족 용사 골리앗을 단지 물맷돌 몇 개로 맞선 다윗이나 예수님의 부름에 지체 없이 고향과 가족을 떠났던 열두 사도들도 빛난 결단력의 소유자였음이 분명하다. 그렇지만 사울은 믿음의 결단력이 부족해 하나님으로부터 버림을 당했고, 예수님을 찾아왔던 부자 청년도 재산을 나눠주라는 한마디에 고개를 흔들며 떠나감으로 결단력이 없는 반면교사로 초라한 모습을 드러낼 뿐이다.

믿음은 결단력을 통해 존재감을 나타낸다

예전에 필자가 인천의 한 교회에 세미나를 갔다가 같이 식사를 했던 권사님 부부와 이야기를 나눌 수 있었다. 그 지역은 서인천의 검단지역이 개발되기 이전에 도심에서 멀리 떨어진 외딴곳으로 그곳에서 숯을 구워 팔았다고 한다. 숯공장은 연기와 숯가루로 인해 사람들이 기피하는 오염산업이기에 인적이 드문 곳에서 해야 한다. 그 부부는 십여 년이 넘게 365일 쉬지 않고 새벽부터 일어나 밤늦게까지 일했지만 경영에 실패하여 눈물 속에 공장 문을 닫았다. 가끔 먼 곳에서 찾아와 전도를 했던 이들도 있었지만 너무 바빠 교회 나갈 시간이 없었기에 정중하게 거절했다고 한다. 그렇지만 사업이 망하고 할 일이 없어진 그들에게 다시 찾아온 교인들은 희망과 더불어 복음을 전했다. 신앙은 모르는 이웃 사람들은 교회에 나가면 돈이 많이 든다고 극구 말렸지만 새로운 도전을 받아들이기로 했다. 교회에 나가기는 했지만 신앙은 낯선 문화일 뿐 적응하기가 만만치 않았다. 그러던 중 기도원의 집회에서 축복의 조건으로 십일조를 드리라는 말이 귓전을 맴돌았다. 집회에서 돌아와 십일조를 하기로 결심했지만 궁핍한 삶에 이를 실천하는 일은 무척이나 어려웠기에 굳은 결심은 깨지고 말았다. 자신의 의지로는 어렵다고 느낀 그들은 담임 목사에게 한 장의 편지를 썼다. 그 내용은 십일조를 하겠다는 그들의 결심을 알리는 것이었다. 자신들의 결심과 의지로는 지탱하기가 힘들지만 목회자에게 알린다면 억지로라도 할 것이라는 계산이 깔려 있었다. 결론적으로 단호한 결단력을 보여 준 빛나는 믿음은 하나님의 도우심을 불러와 새로운 사업 환경이 열려 번창을 구가하였으며 지금은 자녀들을 유학 보내고 부부 단둘이 호젓하게 살면서 평생 받은 하나님의 은혜에 감사하여 남은 인생을 전도에 매진하며 살고 있다고 한다. 필자가 단지 십일조의 준수가 물질적인 축복을 받는 조건이라는 투의 기복적인 신앙의 실천을 하라고 권사님 부부의 예를 든 것이 아니라, 신앙을 지키기 위한 결연한 의지가 하나님이 기뻐하시는 기준에 얼마나 중요한지를 말하기 위해서이다.

인생은 결정의 연속이다. 고등학교를 졸업하면 대학이나 전공학과를 정하는 일에서부터 직장과 배우자를 결정해야 하듯 어디에서 무엇을 하며 어떻게 살아가야 할지를 늘 결정해야 하는 것이 우리네 삶이다. 신앙도 마찬가지이다. 신앙의 결심은 곧 어떤 종교를 선택해야 할지로 이어지고, 크리스천이 되었다고 하더라도 하나님의 뜻과 자신의 뜻 사이에서 줄곧 선택을 강요받는다. 하나님의 뜻을 따르는 것은 자신의 욕망을 내려놓고 온전히 복종하는 자세를 가지는 것이다. 그렇지만 대부분의 크리스천들은 적당한 선에서 타협을 하고 형식적인 신앙생활을 반복하는 것에 만족하고 있다. 우리나라에는 천만 명이 넘는 크리스천들이 있지만 이 중에서 하나님과 동행하는 능력을 일상의 삶에서 체험하는 자들이 드문 이유는 하나님의 뜻을 깨닫고 그 뜻대로 결심하며 사는 이들을 찾기 어렵기 때문이다. 이들 중에는 하나님의 뜻에 대해서 무지하거나 어리석은 자들도 많다. 자신의 신앙생활에 무엇이 잘못된 것인지도 모르는 이들도 적지 않다. 하나님의 능력과 은혜가 없는 신앙생활은 하나님과 동행하는 삶이 아니라 자신을 만족시키는 신앙에 불과하다. 또한 희생적인 신앙 행위를 준수하는 것만이 하나님의 도우심을 얻는 방법이라고 잘못 알고 있는 이들도 많다. 하나님은 행위 이전에 마음의 동기나 내면의 세계를 날카롭게 관찰하시는 분이다. 희생적인 신앙 행위라도 하나님이 기뻐하시는 뜻에 부합하지 않는다면 허망한 일일 것이다.

골 1:10
주께 합당하게 행하여 범사에 기쁘시게 하고

하나님을 기쁘시게 하고 있다면 이미 천국을 얻는 것이나 진배없을 것이다. 이는 하나님과 동행하는 삶을 실천하고 있을 것이기에 말이다. 하나님을 기쁘게 하며 살고 싶다면 일을 시작하기 전에 하나님의 뜻에 합당한지를 묻고 따르는 과정을 선행해야 한다. 하나님은 우리에게 자유의지를 주셨으므로 어떤 결정을 하든지 이를 존중하시겠지만 그 책임은 우리의 몫이다. 이처럼 하나님이 기뻐하시는 뜻대로 사는 삶은 견고한 결단력을 요구한다. 우리의 육체는 세상과 세상의 것을 좇는 것에 익숙해져 있으며 영적으로 민감하지 않다면 육체가 아니라 영혼에 유익이 되는 결정을 하기가 쉽지 않다. 영적인 사람이 되어야만 비로소 놀라운 영적인 세계를 깨닫게 된다. 어쨌든 우리가 이 땅에 사는 동안에는 육체와 영혼과의 사이에서 어떻게 살지를 늘 결정해야 한다. 탁월한 결정을 하는 능력은 결국 결단력의 유무에 달려 있다. 결단력을 통해 비로소 믿음의 존재감이 묻어나기 때문이다.

5) 하나님의 뜻에 절대 순종하는 태도

막 3:35
누구든지 하나님의 뜻대로 행하는 자가 내 형제요 자매요 어머니
이니라

하나님의 뜻을 아는 것은 능력 있는 신앙생활을 위한 초석이지만 그 뜻을 아는 것은 쉬운 일이 아니다. 하나님은 자신의 뜻을 성경으로 기록하게 하셔서 누구나 성경을 읽으면 알 수 있다. 그렇지만 성경은 각계의 전문가가 집필한 백과사전이나 시시콜콜한 질문까지 답변해 주는 포털사이트가 아니다. 우리와는 시대와 문화가 다른 저자들이 각자 하나님께 받은 감동을 적어 내려간 기록에 불과하다. 문학 장르도 천차만별이라 역사와 시, 편지 등 다양한 형식으로 쓰여 있다. 주제는 인간에 대한 하나님의 구원계획이라는 일관성을 이루지만 집중력을 가지고 관심을 갖기에는 너무 지루하며 길고 잡다한 이야기들이 들어 있어 날카로운 통찰력을 가지고 주의 깊게 살펴 읽지 않는다면 그 뜻을 정확하게 알기 어렵다. 또한 예수님은 중요한 주제에 대해서는 직접화법이 아닌 비유로 말씀하셨다. 그래서 그를 따라다니던 제자들조차 그 뜻을 알아듣지 못해 다시 묻는 일도 허다하였다. 그 이유는 세상 사람들에게는 모르게 하고 하나님이 택하신 백성들만 알아듣게 하시는 의도가 있으셨기 때문이다. 그러므로 하나님의 뜻을 정확하게 알려면 성경을 관통하는 전체의 내용에 대해 해박하여야 하며 신령한 지혜를 받아 깨달아 아는 과정이 필수적이다. 그렇지만 우리는 설교 때 자주 듣는 성경 인물이나

내용에 대해서는 잘 아는 것 같지만 정작 삶에 적용할 만한 수준에는 못 미친다. 성경 인물이나 내용을 아는 것과 하나님의 뜻을 깨닫는 것은 다르다. 그래서 많은 크리스천들이 수박 겉핥기식으로 읽고 들어온 결과로 하나님의 뜻에 대해 무지하다. 하나님의 뜻에 무지하다면 어떻게 삶에 적용할 수 있을까? 그래서 신앙과 삶이 동떨어진 채 세상을 살아가는 지혜는 세상에서 얻고 천국을 가는 자격을 얻기 위해 교회를 찾는 이가 많다.

요 8:29
나를 보내신 이가 나와 함께 하시도다 나는 항상 그가 기뻐하시는
일을 행하므로 나를 혼자 두지 아니하셨느니라

예수님은 하나님과 동일한 분이시지만 인간의 몸을 입고 이 땅에 오셨을 때는 희로애락의 감정과 더불어 인생의 슬픔과 고통을 똑같이 느끼는 사람이기도 하셨다. 그분은 공생애 시절을 통해 전지전능한 하나님의 능력을 몸소 나타내심으로 자신이 하나님의 아들이라는 것을 보여주셨는데 그 능력의 원천이 하나님과 함께함이라고 말씀하셨다. 하나님이 기뻐하시는 행위는 하나님이 동행하심이 이루어지는 통로인 셈이다. 이처럼 하나님이신 예수님조차도 인간으로 계셨을 때는 하나님이 기뻐하시는 행위를 통해 하나님이 동행하심을 불러일으켜 전지전능한 능력을 행하고 놀라운 구원계획을 완성하셨다. 하나님의 뜻을 행하는 것은 하나님을 기쁘시게 하며 하나님의 동행하심을 얻는 유일한 방법인 셈이다. 우리의 삶에 힘이 없고 신앙에 능력이 없는 이유도 희생적인 신앙 행

위를 하나님이 기뻐 받으시지 않았음이요 이는 하나님의 뜻에 합당하지 않았음이 틀림없다. 자의적으로 해석한 일부의 성경 내용을 마치 성경 전체를 대변하는 하나님의 뜻으로 잘못 알고 있는 경우가 허다하다. 하나님의 뜻을 즐겨 행하는 자는 하나님을 기쁘시게 하기에 누구나 하나님의 동행하심을 경험할 수 있다. 그러므로 성경을 해박하게 아는 일과 더불어 깊고 친밀한 기도로써 성령의 도우심으로 하나님의 뜻을 깨달아 지혜롭게 삶에 적용하는 일이 우리에게 맡겨진 과제인 셈이다.

제2부

쉼 없는
기도의 습관을 들이라

1.
영적 습관의 힘

1) 교회의 신앙생활만으로는 영적 습관을 들일 수 없다

필자가 학창 시절에 배우던 영어는 대부분 문법 중심이었다. 중고등학교 6년 동안 열심히 배웠기에 문법은 미국인보다 더 잘 알고 있는 수준에 이르렀지만 그들과 마주쳐도 정작 기본적인 소통조차 할 수 없었다. 외국어 능력은 말하고, 듣고, 쓰고, 읽는 능력이 중요한데 이러한 능력 없이 단지 문법에만 해박한 언어능력은 아무짝에도 쓸모가 없을 것이다. 교회의 지도자들은 성경에 기록한 하나님의 뜻에 대해 열심히 가르치고 있다. 그러나 삶에 적용하는 것을 가르치지 않는 성경 지식은 사다리를 주지 않고 높은 담벼락을 올라가라는 말과 같다. 하나님과 동행하는 삶이 무엇인지 가르치면서 정작 삶에 적용하는 능력을 얻는 구체적인 방법을 가르치지 않는다면 허망한 일일 게다. 거꾸로 하나님과 동행하는 삶을 결심했더라도 삶에 적용하려고 애쓰지 않는 것도 결과는 마찬가지이다. 하나님의 나라는 말에 있는 것이 아니라 능력에 있다고 성경은 말하고 있지만 이를 피부로 느끼지 못하는 이들이 대부분이다. 오랫동안 신앙생활을 하고 있지만 행동이 아닌 말의 성찬만을 즐기고 있는 크리스천이 주변에 너무 많은 이유이다.

아침에 일어나면 양치질을 하지 않는 사람은 없다. 부득이하게 못 한 사정이 있었다면 하루 종일 기분이 찝찝할 것이다. 만일 양치질 문화가 없던 조선 시대에 태어났다면 이빨을 닦지 않아도 아무런 문제가 없었을 게다. 어쩌다 일이 바빠 점심을 챙겨 먹지 않았다면 배고파서 어쩔 줄을 모를 것이다. 그렇지만 점심 식사를 제대로 하게 된 것은 역사적으로 보면 최근의 일이다. 식량이 늘 부족했던 조선 시대에는 아침, 저녁의 두 끼 식사가 일반적이었으며 100년 전인 구한말에도 겨울의 두 끼 식사는 서민들의 상례였다. 그런 관점에서 본다면 늘 먹던 점심을 거르면 무척이나 배가 고픈 현상은 위가 비어서 느끼는 원인도 있겠지만 오랜 습관에서 형성된 느낌이라 해도 과언이 아니다. 이처럼 습관은 일평생을 좌우하는 엄청난 힘을 가지고 있다. 좋은 습관을 들인다면 평안하고 형통한 인생으로 항해하는 배에 올라탄 셈이지만 반대로 나쁜 습관은 팍팍하고 고단한 삶의 원인으로 작용할 것이다. 하나님과 동행하는 삶도 이와 다르지 않다. 이의 유익을 몰라서가 아니라 동행하는 습관을 들이지 않았기에 강 건너 불구경하는 입장이 된 것뿐이다.

훈련과 지식은 다르다. 기도에 대해 많이 아는 것과 기도훈련을 통해 습관으로 들이는 것은 다르다. 많이 알고 있다고 해도 삶에 적용하지 않았다면 무용지물인 셈이다. 군대의 병사들은 사격훈련을 받는다. 실제

훈련에 앞서 이론교육으로 총의 제원과 작동원리, 파괴력, 사격자세 등에 대해 배운다. 그리고 사격장으로 이동해서 훈련관의 통제하에 엄격한 사격연습이 이루어진다. 군인들이 사격을 잘하는 능력은 전쟁에서 살아남고 전투에서 승리하는 전투력의 근간이겠지만 출중한 사격 솜씨를 가진 병사는 드물다. 이들은 평소에도 끊임없는 훈련으로 탁월한 능력을 갖추어야 하기 때문이다. 하나님과 동행하는 행위인 기도의 중요성에 대해 모르는 크리스천은 없다. 그렇지만 안타깝게도 기도의 습관을 들여 삶의 현장에서 늘 기도하는 이도 드물다. 그 이유는 기도의 습관을 들이지 않아서이다. 필자도 예전의 평신도 시절을 기도를 강조하는 교회에서 보냈다. 새벽기도는 물론 철야기도, 기도원에서의 특별기도 등 틈만 나면 기도회를 자주 갖고 열심히 기도하곤 했다. 그래서 기도를 열심히 하는 사람들을 기도회에 열정적으로 참석하는 사람들과 동격으로 여겼다. 그렇지만 밤늦게까지 일하고 새벽 5시에 시작하는 새벽기도회에 맞출 수 있는 사람들은 대부분 전업주부이거나 아침 일찍 출근하는 직장이 없는 사람들이다. 그래서 새벽기도회에 참석하고 싶어도 잠이 모자라거나 시간이 없어서 못 하는 이들이 많다. 밤늦도록 이어지는 철야기도회도 마찬가지이다. 교회에 나와 기도회에 참석하는 것이 기도 훈련의 전부라, 기도회에 참석할 수 없는 사람들은 기도를 배울 수 없다. 물론 집이나 직장에서도 기도를 할 수 있지만 정규적인 교회의 기도 행사를 중심으로 하는 기도만을 가르치는 교회에서 개인적인 기도 습관을 들이는 일은 무척이나 어려운 일이다.

교회에서 기도하는 자세나 내용을 가르치는 것도 드물다. 기도회는 자주 갖지만 기도를 어떻게 해야 하는지를 자세히 가르치지 않는다. 이는 목회자들조차 자신들도 그렇게 훈련을 받았기에 생각 없이 반복하고 있는 것이며 능력 있는 기도에 대한 깨달음이 부족해서일 것이다. 자주 시간을 내서 열심히 기도하면 된다고 생각하기에 또 다른 교육의 필요성을 느끼지도 못한다. 그런 결과는 기도 응답이 없거나 무능한 삶의 모습으로 나타나고 있다. 하나님의 뜻을 깨닫는 일은 성경을 관통하는 내용을 알고 묵상하는 일이 필수이다. 성경은 하나님의 존재감을 나타내는 통로이기 때문에 성경을 읽고 묵상하는 일에 습관을 들이는 일은 절대 필요하다. 그렇지만 성경을 매일 읽는 일에 습관을 들인 크리스천을 만나기가 쉽지 않다. 교회에서 성경 읽기를 가르치고는 있지만 일 년에 한 번 읽게 하는 것도 힘들어 행사를 개최하여 상을 주고 메달을 걸어 주며 독려할 정도이다. 성경 읽기를 습관화하는 것은 교회가 아니라 개인적으로 행하여야 하는 일이기에 행사를 통해서 독려하거나 교육 프로그램에 맡기는 것은 한계가 있다. 우리의 신앙 행위는 교회 중심으로 되어 있기에 교회의 예배나 각종 행사, 프로그램에 참여하면 잘하고 있는 것으로 착각할 때가 많다. 그렇지만 신앙은 하나님과 나와의 지극히 개인적인 관계이다. 영적 습관은 일상의 삶에서 끊임없이 시도하고 업그레이드시켜야 열매를 맺지 단지 교회 행사에 성실하게 참여했다고 얻어지는 것이 아니다.

2) 선택과 집중

크리스천이라면 누구나 영적인 사람이 되기를 갈망한다. 영적인 사람은 영적인 일에 민감하며 하나님과 깊고 친밀한 관계를 통해 기쁨과 평안을 누리며 예언과 치유, 귀신 쫓음, 방언, 지혜 등의 영적인 능력을 소유한다. 즉 하나님과 동행하는 사람은 영적인 사람인 셈이다. 그렇지만 영적인 사람이 되는 것은 실로 어려운 일이다. 영적인 습관이 몸에 배야 하기 때문이다. 영적인 사람과 상대적인 개념은 육적인 사람이다. 육적인 사람은 영적인 일에 관심이 없이 오직 육체의 즐거움을 채우는 일에만 몰두하는 세속적인 사람을 말한다. 육적인 사람의 특징은 돈을 사랑하고 자신을 사랑하는 데 반해 영적인 사람은 영혼이 잘되는 것을 바라며 영혼을 만족시키는 근원인 하나님을 사랑하고 하나님의 뜻을 행하는 삶을 살기를 원한다. 영적인 사람이 되기 위해서는 영적인 습관을 들여야 하는데 이것이 어려운 것은 우리는 탐욕과 쾌락을 추구하고 싶은 육체의 욕망을 본능으로 지니고 있기 때문이다.

계 3:15
내가 네 행위를 아노니 네가 차지도 아니하고 뜨겁지도 아니하도
다 네가 차든지 뜨겁든지 하기를 원하노라

이 예수님의 말씀은 믿음에 대한 분명한 태도를 말하고 있다. 열정적이며 견고한 신앙을 얻으려고 애쓰든지 아니면 신앙을 버리는 쪽을 선택하라고 말씀하신다. 왜냐면 어정쩡한 태도를 가지고는 문제의 본질을 깨닫기도 어려우며 아무것도 이룰 수가 없기 때문이다. 우리가 일상의 삶에서 해야 할 일은 무척이나 많다. 조선 시대에는 책 몇 권을 정해 정독하며 반복해서 읽으면 되었지만, 지금은 배워야 할 것이 너무 많기에

초등학교에서 대학교까지 무려 16년 동안 학교를 다녀야 하는 것이 보통이다. 그뿐만이 아니다. 상급학교에 진학해서 더 배우거나 직장에 들어갔더라도 학원을 다니거나 독학을 하면서 배워야 한다. 게다가 현대는 복잡하고 바쁘게 돌아가며 너무 빠르게 변하고 있다. 수많은 정보와 광고의 홍수에 빠져 살고, 게임이나 TV 등 재미와 관심을 빼앗는 것들로 인해 잠시도 쉴 틈을 주지 않는다. 이러한 세속적인 삶 속에서 신앙생활을 병행하는 것은 보통 어려운 일이 아니다. 눈에 보이는 세상의 즐거움을 위해 시간과 정력을 쏟는 것은 쉬운 일이지만 눈에 보이지 않는 영적인 세계를 깨닫고 열매를 얻는 일은 고도의 집중력과 수많은 시간들을 필요로 하기 때문이다.

영적인 습관은 세상에 쏟는 시간과 관심을 그대로 둔 채 얻을 수 없다. 즉 둘 중의 하나를 선택해야 한다. 세상에서 얻고 싶어 하는 것과 하나님에게서 얻고 싶은 것을 선택해야 한다는 것이다. 시간을 투자하는 일은 그렇다 치고 송곳 같은 집중력은 둘로 나누어지면 결코 얻을 수 없다. 그렇지만 대부분의 크리스천은 어느 한쪽을 선택하기보다 둘 다 얻고 싶은 자세를 보이고 있다. 세상에 나가면 세상 사람과 다름없이 돈과 욕망을 추구하고, 교회에 오면 희생적인 신앙생활을 통해 자신의 소망을 이루고 싶어 한다. 문제는 이 같은 자세는 둘 다 얻기는 고사하고 둘 다 놓치는 우를 범할지 모른다는 것이다. 적어도 하나님으로부터 공급되는 영혼의 유익은 얻을 수 없다. 하나님은 자신을 질투의 신으로 소개할 정도로 자신보다 더 사랑하는 그 무엇도 용납하지 않는 분이시다. 그뿐 아니라 현실적으로도 불가능하다. 영적인 습관을 들이려면 생계와 가정을 위한 노력과 시간을 제외하고 모든 것을 영적인 일에 쏟아부어야 하기에 말이다.

이 터널을 통과하려면 선택과 집중이라는 어려운 숙제를 해야 한다. 심사숙고해서 둘 중 하나를 선택해야 하는 일이 우선이며, 선택한 뒤에는 현장의 삶에서 집중해서 실행에 옮겨야 해야 할 것이다. 적어도 하나님과 동행하는 삶을 선택했다면 교회에서뿐 아니라 가정이나 직장 등 일상의 삶에서도 늘 영적인 습관을 들이도록 끊임없이 노력해야 한다. 대부분의 크리스천들이 하나님과 동행하는 경지의 믿음을 얻지 못하는 이유는 영적인 일을 선택하고 집중하는 일에 최선을 다하지 않기 때문이다. 성경의 위인들이 하나님과 깊고 친밀하게 교제할 수 있었던 이유는 세상에서 얻는 욕망과 쾌락을 과감하게 떨쳐 버리고 하나님의 뜻을 깨닫고 행하는 일에 전심전력으로 몰두했기에 가능했다. 성경을 기록했던 시대나 현대나 이 같은 조건은 변함이 없다. 그렇지만 이 시대는 우리의 관심을 빼앗는 것들이 너무 많고 쾌락과 욕망을 채우는 것들이 넘쳐나기에 영적인 습관을 들이는 일이 결코 만만치 않다.

3) 예수님의 영적 습관

눅 22:39~40
예수께서 나가사 습관을 따라 감람산에 가시매 제자들도 따라갔더니 그 곳에 이르러 그들에게 이르시되 유혹에 빠지지 않게 기도하라 하시고 하나님이신 예수께서 인간인 우리처럼 습관을 들여야만 기도할 수 있었을까 하는 의문이 머릿속을 떠나지 않은 적이 있었다. 전지전능한 하나님과 동격이신 그분이 무엇이 필요해서 인간의 방법인 습관을 들여야 했을까 곰곰이 생각해 보니 그분은 하나님이셨지만 우리와 똑같이 연약한 몸을 갖고 계셨기에 고통과 어려움을 피할 수 없었을 거라는 결론이 나왔다. 십자가의 사건을 앞에 두고서 예수님은 겟세마네 동산에서 그 사건을 피하게 해 달라고 간절한 기도를 드렸다. 얼마나 애쓰고 힘주어 기도하셨으면 모세혈관이 터져 핏방울이 되는 지경에 이르렀을까. 십자가의 사건을 맞닥뜨릴 것을 생각하면서 순식간에 고통과 두려움에 휩싸였을 거라는 짐작을 하는 것은 어려운 일이 아니었다. 죽어서 악취가 진동하는 나사로의 무덤을 찾기 전에 동생인 마리아와 마르다의 슬픔을 보시고 애잔한 눈물을 흘리셨다. 그 눈물의 의미는 나사로를 살릴 능력이 있음에도 불구하고 생로병사의 운명 앞에서 한없이 연약한 사람들의 슬픔을 견딜 수 없이 아파하며 불쌍히 여기신 증거였다. 그도 우리와 똑같은 성정(性情)을 가지고 연약한 육신을 지니고 있었던 인간이셨던 것이다.

눅 18:1
예수께서 그들에게 항상 기도하고 낙심하지 말아야 할 것을 비유
로 말씀하여

예수께서 하나님과 동일한 분이신 것은 분명하지만 이 땅에 인간의 몸을 입고 계셨을 때는 우리가 다름없이 육체의 연약함과 한계를 지니고

있었기에 기도처럼 영적인 일에 습관이 필요했다. 설령 전지전능한 하나님과 동일한 그분에게는 사람처럼 습관이 필요 없었을 거라는 주장을 받아들인다 해도, 성경에서 굳이 그 말을 빠뜨리지 않고 집어넣은 것은 우리에게 시사해 주는 바가 크다. 우리에게 기도의 습관이 필요해서 솔선수범으로 보여 주셨을 거라는 사실이다. 어느 것이 맞는지의 상관없이 중요한 것은 우리에게는 영적 습관이 중요하다는 것이다. 습관을 들여 몸이 자동적으로 움직이게 하지 않는다면 오래 지속할 수 없다는 것을 예수께서 잘 알고 계셨음이 틀림없다. 그렇지만 우리의 현실은 예수께서 보여 주신 신앙의 자세와 동떨어져 있다. 예수님조차도 습관을 따라 항상 기도를 하곤 했지만 우리는 새벽기도에 참석하는 것만으로도 스스로 대단하다고 여긴다. 물론 새벽기도회에 참석하는 것도 습관을 들이지 않으면 안 되는 힘든 일이지만 하루에 30분도 안 되는 기도행위를 가지고 기도 습관을 들였다고 말할 수 없다. 성경에는 예수께서 항상 기도할 것을 강조하시면서 자신도 습관을 들이고 습관에 따라 기도를 하셨다고 나와 있다. 영적 습관이 없다면 영적인 축복과 성령의 열매도 기대하지 말아야 한다. 그렇지만 우리는 영적인 습관이 없이 희생적인 신앙 행위를 반복하는 것만으로 천국에 들어갈 수 있는 자격을 얻었다고 생각하며 현세적이고 지상의 축복을 요구하는 기도의 응답을 당연시하고 있다. 자의적인 믿음이나 생각이야 자유겠지만 하나님의 능력이 임하지 않는 삶이라면 잘못의 원인을 철저히 따져 묻고 고쳐 나가는 과정이 없이 하나님을 만날 수 없다.

4) 영적 습관이 어려운 이유

TV 시청은 습관을 들이지 않아도 된다. TV는 전원을 켜고 들여다보고 있으면 지구촌 구석의 진귀한 구경을 시켜 주며 온갖 드라마와 오락프로로 눈과 귀를 즐겁게 해 준다. 그렇지만 공부하는 일은 습관을 들여야 한다. 머리를 지끈지끈 아프게 하는 수학 공식과 영어단어를 암기하는 일은 상당한 인내심을 필요로 한다. 그래서 공부하는 일이 주업인 학생들조차 책상에 앉아 공부에 집중하는 것은 고통을 동반한다. 학교를 졸업하고 세상에 나오면 일 년에 책 한 권조차 읽지 않는 어른이 대다수라는 이유가 이해가 간다. 재미있고 즐거운 일은 적잖은 시간과 돈을 들여서라도 달려가지만 고통과 인내심을 요구하는 일은 아무리 유익한 일이더라도 꽁무니를 빼고 도망치기 일쑤이다. 이러한 일은 오랜 습관을 들여서 의지가 아니라 몸이 반사적으로 반응하는 수준에 이르러야 열매를 얻을 수 있다.

기도와 성경 읽기, 부족한 성품 고치기, 하나님의 뜻대로 행하기 등을 내용으로 하는 하나님과 동행하는 삶은 얼른 보기에 재미있고 즐거운 일이 아니다. 물론 하나님과 동행하면 평안과 기쁨이 넘치며 각종 기도가 응답이 되며 평안하고 형통한 삶으로 채워진다. 그렇지만 이러한 열매를 얻는 일은 하루아침에 되는 일이 아니며 지금까지 해 왔던 희생적인 신앙생활을 반복한다고 되는 일도 아니다. 적어도 3년 이상 집중적으로 훈련해야 가능하다. 3년이란 시간은 온몸의 세포가 전부 바뀌는 시간으로 몸이 적응하는 기간이다. 습관을 들이는 기간에도 하나님으로부터 공급되는 평안과 기쁨을 체험할 수 있겠지만 대부분의 시간들은 자신과 싸우는 시간이라 고통스럽고 힘들다. 이 어려운 과정을 장차 얻을 성령의 열매와 하늘나라의 상급을 바라보며 인내하며 참고 견뎌야 한다. 지금까지 오랜 신앙생활에도 불구하고 영적인 열매가 없는 이유는 이런 습관을 배우지도, 시도하지도 않았기 때문이다. 예수님을 3년 반 동안 배우며 따라다녔던 제자들조차 예수께서 십자가에서 돌아가시자 실망하고 좌절해서 집으로 돌아간 사건을 보더라도 영적 습관이 없는 삶은 열매를 거두기가 어렵다는 것을 잘 알 수 있다. 그들도 나중에 성령을 받고 성령과 동행하는 삶을 통해서야 비로소 놀라운 능력을 지니고 귀한 사역을 감당할 수 있었다.

새로운 변화는 엄청난 에너지를 필요로 한다

뉴턴의 운동법칙 중 제1법칙인 관성의 법칙은 대략 이렇다. 움직이고 있는 물체는 계속 움직이려고 하고 정지하고 있는 물체는 계속 정지하고 싶어 한다. 즉 원래의 상태를 바꾸려 하지 않는다는 것이다. 그래서 버스가 급정거하면 버스는 정지해도 사람들은 앞으로 쏠린다. 버스의 정지에 상관없이 사람들은 앞으로 달리는 상태를 유지하고 싶어 하기 때문이다. 사람들이 가장 두려워하고 귀찮아하는 것이 바로 변화이다. 모두들 자신이 처한 상황을 계속 유지하고 싶어 한다. 변화한다는 것은 안락한 지금의 환경을 버리고 새로운 것을 배워서 익혀야 하기에 수많은 시행착오를 각오해야 하며 실패를 받아들여야 할지도 모른다. 그렇지만 잘못된 것인 줄을 알면서도 모른 척 눈 감고 있는 것은 엄청난 후폭풍을 겪게 될 것이다. 구한말 세상의 변화를 앞두고 쇄국 정책을 펼친 조선과 명치유신을 단행한 일본은 향후 수백 년이 걸린 국가의 운명을 달리했다. 변화를 두려워한 조선은 끝내 망해서 변화를 적극적으로 수용한 일본의 식민지가 되었다.

지금까지의 신앙생활이 잘못되었다는 것을 깨달았다면 바꿔야 하는 것이 당연한 일이지만 안락하고 편안한 현재의 환경을 바꾸는 것은 엄청난 노력과 에너지가 소비되는 일이므로 정신과 육체 모두가 이를 거부하기에 소수의 사람들만이 이를 실행에 옮긴다. 이처럼 새로운 영적 습관을 들이는 것이 어려운 이유는 지금까지 습관으로 고착된 신앙 행위를 버리고 새로운 환경에 적응하고 싶지 않기 때문이다. 그러나 신앙생활은 시간만 적당히 보내면 월급이 나오는 직장이 아니며 천국의 자격도 오랜 신앙의 연륜과 교회의 직책을 고려해서 인정해 주는 평가시스템이 아니다. 심판의 날에 하나님이 기뻐하시는 열매를 보여 주지 못한다면 실망스럽고 허망한 일들을 받아들여야 한다고 성경은 경고하고 있다. 신앙생활에 능력이 없고 삶에 힘이 없는 것은 하나님이 기뻐하시는 영적인 습관이 없는 이유이다. 그래서 누구나 두려워하고 싫어하는 일이지만 하지 않으면 안 되기에 단호한 결심을 하고 변화를 기꺼이 받아들여야 하는 것이다.

영적인 싸움이 만만치 않다

엡 6:12
우리의 씨름은 혈과 육을 상대하는 것이 아니요 통치자들과 권세

들과 이 어둠의 세상 주관자들과 하늘에 있는 악의 영들을 상대함
이라

군인들이 가장 두려워하는 적은 보이는 것이 아니라 보이지 않는 적이
다. 그래서 열악한 무기를 가진 소수의 게릴라들이 야간에 침입하여 최
신무기를 지닌 다수의 정규군을 상대로 전투에서 승리하는 이유도 여기
에 있다. 칠흑 같은 어둠이라 적의 규모와 무기, 공격 방향, 공격 시간 등
에 대해 무지하기에 두려움이 증폭되어 전의를 상실하거나 공격의 징후
조차 모르고 잠에 떨어져 있다가 공격을 당하게 된다. 예전에 북한의 어
뢰 공격으로 침몰한 천안함 사건을 보더라도 작은 규모의 잠수정이 눈
치채지 못하게 은밀하게 접근하여 공격하면 최신무기를 장착한 거대군
함도 속수무책으로 당한다.

하나님의 자녀들을 호시탐탐 노리는 악한 영들이 우리 주변에 적지 않
게 있다는 것을 성경은 말해 주고 있지만 이를 피부로 느끼는 크리스천
이 도대체 몇이나 될까? 눈에 보이지 않기에 영적으로 민감하지 않다면
그들의 존재조차 모르고 있을 것이다. 악한 영들은 수없이 많이 존재한
다. 예수님이 사역을 준비하던 광야까지 찾아와서 시험하기도 하며 베
드로에게 악한 생각을 넣어 주기도 한다. 사도들이 활약하던 초대교회
시절에도 그랬다. 아름다운 선행으로 재산을 교회에 드리던 아나니아와
삽비라로 하여금 성령을 시험케 하거나 마술사 시몬에게 탐욕을 넣어
주기도 하였다. 그 시대에는 우글우글하던 악한 영들이 현대 시대에 들
어와서는 감쪽같이 사라진 것일까? 그건 아닐 게다. 우리에게 영분별을

하는 눈이 없어 알아채지 못할 뿐이다. 귀신이야 사람들에게 들어가 자신의 존재감을 드러내지만 사탄은 자신의 존재를 드러내지 않는다. 사도들도 그랬던 것처럼 사탄의 존재는 그들의 행동을 보고 알아챌 뿐이다. 악한 영들의 행동은 뚜렷한 목적이 있다. 하나님의 자녀들의 생명과 영혼을 빼앗는 모든 공격이다. 복음을 받지 못하게 방해를 하거나 하나님을 멀리하며 교회를 떠나게 하는 모든 행동에 영향을 미친다. 또한 탐욕과 간음, 폭력, 불법, 불의, 자살, 불륜, 살인, 알코올 중독을 비롯한 각종 중독 등에 영향을 미치거나 깊숙하게 관여하고 있다. 악한 영들의 공격에서 안전하려면 성령의 동행하심을 습관으로 들여야 한다. 그러지 않으면 언제 어디서 공격을 당할지 모른다. 그들은 자신의 존재를 숨기거나 위장하기 때문에 항상 깨어 있어 경계를 늦추지 않으면 당하기 십상이다.

세상의 유혹이 너무 강하다

조선시대에는 시간과 공간의 제약으로 지금처럼 이웃의 생활상을 제대로 알 수 없었다. 또한 그들 역시 자신과 별다르지 않은 가난한 처지라 굶지 않고 살수만 있어도 감사하며 살았다. 대다수 양민의 꿈은 과거에 급제하여 벼슬을 얻는 것이었지만 이 역시 신분의 장벽으로 제한이 있었으며 과거에 급제하여 하급관리가 된다 해도 부와 명예가 갑자기 쏟아지는 것도 아니었다. 이웃이라 해도 자신이 가진 것과 별 차이가 없었기에 비록 가난했지만 영혼은 평안했다. 그렇지만 지금은 인터넷과 미디어의 발달로 세계 곳곳의 정보를 순식간에 알 수 있다. 우리의 이웃뿐 아니라 세계 각국의 이웃들이 어떻게 살고 있는지 아는 게 어렵지 않다. 다른 사람들이 즐기는 안락하고 사치스러운 삶을 같이 누리고 싶어 한다. 자신의 형편과 한계에 아랑곳없이 탐욕만 키우게 된 셈이다. 월세방에 살면서도 자가용과 최신 핸드폰은 기본이며 빚을 내더라도 자녀들의 단기유학을 꼭 보내 주어야 직성이 풀린다. 그래서 대학을 졸업해 수년째 백수로 지내고 있으면서도 오직 공무원과 대기업 아니면 쳐다보지 않는다. 대기업에 들어간 친구들의 연봉과 비교해서 성이 차지 않기 때문이다. 상당수의 여성들은 명품의 소유를 존재의 의미로 여기며 아예 시간이 나면 백화점이나 쇼핑몰을 집처럼 여긴다. 돈과 욕망을 향한 세상의 유혹이 거세기에 내면의 세계나 영혼에 대한 관심조차 없다. 모두들 탐욕을 채울 부를 향해 정신없이 달려가고 인생의 시간들을 남김없이 쏟아붓고 있다. 마치 부자가 되면 세상 전부를 소유한 것으로 여기겠지만 이는 바닷물을 마시는 것처럼 갈증을 증폭시키게 된다는 것을 아는 이는 드물다. 아무도 내면의 세계에 귀를 기울이지 않기 때문이다.

세상의 유혹이 탐욕을 채우는 것만 있는 게 아니다. 쾌락을 만족시키는 것도 이에 못지않다. 소돔과 고모라 때와 마찬가지로 지금의 시대도 거대한 음란의 바다에 떠 있다. 그 중심은 인터넷의 폐쇄성과 중독성에 있다. 초등학생들도 마음만 먹으면 언제든지 음란 동영상을 볼 수 있으며 주부들의 불륜은 사이버 애인을 만나는 채팅으로 시작된다. 도덕성을 상실한 이 시대에 불륜은 더 이상 죄책감을 주지 않는다. 중년에 찾은 짜릿한 선물일 뿐이다. 음란의 쾌락은 가정을 파괴시키고 정신과 영혼을 마비시키지만 이의 해악을 깨닫는 이는 드물다. 세상이 온통 음란과 불륜의 쾌락에 젖어 있기에 말이다. 쾌락은 음란뿐 아니라 술이나 약물,

담배 등 기분을 좋게 만드는 인위적인 물질로도 충족시킬 수 있다. 우리나라 사람들의 술 소비량의 세계 최고 수준이다. 회사의 회식이나 대학생들의 MT, 친구들의 모임은 으레 술자리가 기본이다. 술은 좋은 점에 비해 나쁜 점이 너무 많다. 과도한 음주습관은 재산과 건강, 명예를 잃게도 하지만 중독성이 있어 가정과 인생을 순식간에 파괴시킨다. 불륜의 매개체가 되게 하는 것도 술이다. 문제는 쾌락을 즐기는 대상이 아니라 정신없이 탐닉하려는 사람들의 태도이다. 쾌락이 주는 세상의 유혹에 너무 빠져 있기 때문이다. 하나님과 동행하는 삶이 어려운 이유는 세상을 향한 탐욕과 쾌락의 유혹에 무기력하기에 이성적인 판단과 의지만으로 지킬 수 없다. 영적인 습관을 몸에 배어 머리로 판단하기 이전에 몸이 저절로 반응하게 해야 가능하다. 우리가 사는 세상은 하나님에게서 관심을 빼앗는 것들이 주변에 빼곡하며 세상의 유혹이 너무 강력하다. 영적인 습관을 들이지 않는다면 하나님과 동행하는 삶은 꿈도 꾸지 말아야 한다.

5) 영적 습관만이 항상 깨어 있게 만든다

우리는 주일성수에 십일조 생활, 교회봉사에 참여하고 있다면 믿음이 좋은 크리스천이라고 여긴다. 여기에 새벽기도회에 참석하고 틈틈이 전도까지 한다면 금상첨화일 것이다. 그렇지만 성령과 동행하는 삶을 꿈꾸는 크리스천이라면 하나님의 기준이 무엇인가 생각해 보아야 한다. 희생적인 신앙생활만을 기쁘게 여기셨다면 당시 종교 엘리트층인 바리새인들과 서기관들이 예수님에게 칭찬을 받았어야 한다. 또한 우리는 성령이 충만한 증거로 치유와 축사(逐邪), 방언을 포함한 이적과 기적을 얻는 능력을 내심 바라겠지만, 성령이 오래 거주하여 맺어지는 결정체로 성경이 열거한 열매는 사랑과 화평, 오래 참음, 절제, 친절, 온유 등을 나타내는 내적인 성품이다. 믿음의 동기와 내면의 세계를 가꾸지 않는다면 하나님을 기쁘시게 하지 못한다는 증거이다. 그렇다면 지금까지의 희생적인 신앙의 방법을 바꾸어 내면의 성품과 믿음을 키워야 할 게 분명하다.

> 막 13:37
> 깨어 있으라 내가 너희에게 하는 이 말은 모든 사람에게 하는 말이니라 하시니라

깨어 있어야 한다는 예수님의 가르침은 영적인 싸움과 세상의 유혹에서 승리하는 것이 만만치 않음을 단적으로 보여 주는 말이다. 깨어 있어야 한다는 말의 의미는 교회의 신앙생활뿐 아니라 현장의 삶에서 하나님이 기뻐하시는 기준에 합당해야 한다는 것일 게다. 대부분의 크리스천은 신앙의 롤러코스터를 타고 있다고 해도 과언이 아니다. 특별집회에 참석하거나 하나님의 은혜에 감격한 날에는 앞으로 열심히 신앙생활을 열심히 할 것을 결심하지만 그리 오래 가지 않는다. 역경과 시련이 믿음을 몰아내고 그 자리에 걱정과 불안, 두려움으로 채운다. 삶의 고통과 어려움은 하나님을 다시 찾는 갈증과 더불어 믿음을 더욱 견고하게 하는 복원력을 주기에 그리 두려운 것만은 아니다. 견고한 신앙을 허물어뜨리는 치명적인 바이러스는 다름 아닌 시간이다. 뜨겁게 사랑에 빠진

연인들이 이별하게 되는 가장 큰 이유는 배신행위가 아니라 세월이 흘러 서로를 향한 관심이 무디어졌기 때문이다. 이처럼 하나님을 향한 단단한 결심도 시간이 지나면 점차 무뎌지며 심드렁해지고 무미건조해지기 마련이다. 성실하게 예배에 참석해도 감격이 사라진 마음은 형식적인 신앙 행위를 반복하게 만든다. 열정이 사라진 뒤 무기력한 병이 들어버린 현상이다. 그렇지만 대부분의 사람들은 이러한 현상을 안타까워하며 치료하기보다 방치하는 쪽을 택한다. 그래서 신앙의 열정을 잃어버린 이들은 과거의 추억만을 간직한 채 형식적인 종교 행위만을 반복하기 일쑤이다. 그렇게 된 이유는 시간이란 바이러스가 마음을 조금씩 허물어뜨리는 것을 경계하고 차단하지 못했기 때문이다. 그러기에 그토록 뜨거웠던 신앙의 열정은 온데간데없이 무미건조한 신앙만이 덩그러니 남게 된다.

막 4:18~19
또 어떤 이는 가시떨기에 뿌려진 자니 이들은 말씀을 듣기는 하되
세상의 염려와 재물의 유혹과 기타 욕심이 들어와 말씀을 막아 결
실하지 못하게 되는 자요

칠흑 같은 어두움 속에서 군부대를 지키는 보초들은 눈을 부릅뜬 채 한시라도 경계심을 흐트러뜨리지 말아야 한다. 언제, 어디서, 무슨 일이 일어날지 모르기 때문이다. 이처럼 뜨거웠던 신앙의 열정이 순식간에 사라지는 것은 세상에 관심을 빼앗겨 하나님을 향한 마음이 무디어지는 것을 눈치채지 못하고 미리 막지 못한 탓이다. 그렇지만 이를 막는 것은

그리 쉬운 일이 아니다. 눈만 뜨면 보이고 귀에 들리는 세상의 온갖 유혹과 쾌락은 굳이 찾아다니지 않아도 세차게 몰려든다. 좋은 것을 소유하고 맛난 것을 먹고 즐거운 시간을 누리고자 하는 것은 모든 사람의 꿈이 아닌가? 그래서 사람들은 이 꿈을 이루기 위해 부자가 되고 싶어 한다. 부자는 재산이 많은 사람을 지칭하지만 부를 쌓기 위해서는 자연스레 탐욕스럽기 마련이다. 탐욕은 우상 숭배라 하여 하나님이 가장 싫어하는 성품으로 하나님 자리를 제치고 자신과 돈을 더 사랑하게 만드는 근원이다. 모든 부자가 탐욕스러운 것은 아니지만 부자가 되려면 탐욕스러워지는 이유이다. 탐욕스러운 마음이 들어서면 성령이 떠나가고 믿음이 사라진다. 두 가지 마음은 서로 공존할 수 없다. 세상과 세상의 것을 추구하든지 영적인 것을 바라든지 하나만을 선택해야 한다. 또 하나 신앙의 열정을 몰아내는 것은 두려움이다. 두려움은 하나님을 향한 믿음이 사라지고 눈에 보이는 불안한 상황에 사로잡히는 현상을 말한다. 적당한 두려움은 건강한 믿음에 도움을 주기도 하지만 과도한 두려움은 믿음을 순식간에 빼앗아 버린다. 지금 당장 TV 뉴스를 시청하거나 인터넷 뉴스를 검색해 보라. 경기침체, 실업률, 해고, 환경파괴, 비행기나 자동차 사고, 살인, 성폭력, 강도, 북한의 위협, 전쟁의 소문 등에 관한 사건과 사고에 대한 뉴스가 쏟아질 것이다. 게다가 출처와 근거가 모호한 '카더라' 통신은 세간의 입과 입을 통해 증폭이 되어 쏜살처럼 퍼진다. 이러한 언론과 소문을 매일 접한다면 당연히 미래가 불안해지고 공포에 휩싸이게 된다. 누구나 세상에 몸을 담고 산다면 언론과 소문을 피해갈 수도 없고, 무관심할 수도 없기에 가만히 지켜보고만 있어도 불안이 커지며 두려움의 포로가 된다.

우리가 사는 세상은 이처럼 세상의 유혹과 두려움에 무방비 상태로 노출되어 있기 때문에 적극적으로 맞서 싸우지 않으면 믿음이 식고 열정이 무너지게 되어 있다. 그렇기에 군기가 충만한 보초처럼 언제나 긴장을 풀지 말고 경계심을 유지하고 있어야 한다. 항상 깨어 있어야 한다는 말이다. 늘 깨어서 마음을 새롭게 하고 무뎌지지 않도록 하는 비결로서 영적 습관을 들이는 이외의 방법은 없다. 하나님을 찾고 부르며 깊고 친밀한 관계를 유지하며 매사에 하나님의 뜻을 철저히 깨닫는 행위가 몸에 배어 있어야 현장의 삶에서도 견고한 신앙과 열정을 유지할 수 있다. 우리가 이 땅에 사는 동안에는 영혼과 육체의 끊임없는 전쟁터에 있다는 것을 잊지 말아야 하기에 영적 습관이 필요한 것이다.

2.

우리의 기도는 무언가 부족하다

예전에 필자의 자동차가 시동이 안 걸려 애를 먹은 적이 있었다. 배터리를 새것으로 바꾼 지 2년도 안 되었기에 큰 고장이 아닌가 하는 불안감이 엄습했다. 결국 레커차를 불러 카센터에 끌고 가서 문제를 찾아야만 했다. 수리공은 여기저기 살펴본 후 문제의 원인을 알아냈는데 그 이유는 배터리의 전압이 부족하다고 하였다. 시동이 가능한 배터리의 전압은 14V 정도가 필요한데 차의 배터리는 겨우 13V 정도에 불과하다는 것이었다. 13V로는 와이퍼이나 전조등, 경적 등의 작동에는 전혀 문제가 없었지만 시동이 걸리지 않았다. 결국 고심 끝에 새 배터리로 교환한 후에야 시동이 원활하게 걸렸다. 자동차의 시동이 걸리지 않는 배터리는 다른 기계의 작동에 문제가 없더라도 아무런 소용이 없다. 13V의 배터리는 단지 1V의 부족에도 불구하고 시동이 걸리지 않기에 아무짝에도 쓸모가 없다. 우리의 기도도 그렇다. 우리는 열심히 기도하고 있다고 생각하지만 지금의 기도로는 무언가 부족해서 하나님의 마음을 움직이지 못하지 않은가? 1V가 부족한 기도는 우리가 보기에는 별 차이가 아니더라도 하나님을 감동시키지 못하기에 시간 낭비에 불과할지도 모른다. 그렇지만 우리는 여기에 대해 별문제 삼지 않는다. 기도만 하면 무조건 주신다는 말씀을 의심하지 않기에 이제나저제나 주실 것을 기다리고 있다. 그러나 하나님의 뜻에 어긋나는 기도라면 허망할 일일 뿐이다.

1) 기도 시간이 턱없이 부족하다

서로 뜨겁게 사랑하는 연인이 있다면 서로 떨어져 있더라도 마음은 늘 같이 있어 머릿속을 떠나지 않을 것이다. 휴일이면 만나는 것은 물론 휴대폰이나 전자메일을 수도 없이 주고받을 게 뻔하다. 그런데 사랑한다고 하면서 하루 종일 전화나 문자 한번 보내지 않는다면 다른 애인이 생겼거나 마음이 벌어졌다는 증거일 게다. 하나님을 사랑하고 그 사랑을 체험하고 싶은 크리스천이라면 당연히 하나님을 만나는 시간을 자주 가져야 한다. 그렇지만 하루에 한 번 새벽기도회에 나가 30분을 채우지 못하는 기도 시간을 가지고 하나님과 깊고 친밀한 교제를 나눈다고 볼 수 없을 것이다. 물론 시간만으로 하나님과 친밀한 교제를 나눈다고 볼 수는 없다. 그러나 하나님은 자신을 다른 것보다 더 사랑하는 것을 질투하시는 분이라고 고백할 정도로 우리의 마음을 얻고 싶어 한다. 그렇기에 지금처럼 하루 30분 안 되는 기도 시간이나 주중 한두 번의 기도회에 참석하여 기도하는 것에 만족한다면 하나님과 동행하는 삶의 습관을 들일 수 없다. 물론 현대인들처럼 정신없이 바쁘게 살아가는 상황에 하루에 30분 기도하는 것도 어려운 것이 사실이다. 많은 이유와 변명이 있겠지만 기도 시간이 턱없이 부족하기에 하나님과 친밀하게 사귀지 못한다. 사랑하는 사람이 생겼다면 만사를 제쳐 놓고 만나려 할 것이고 휴일을 손꼽아 기다릴 것이다. 기도 시간이 부족한 이유가 하나님을 사랑하지 않는 증거라면 화를 벌컥 내며 반발하겠지만 이는 변명할 여지가 없다. 하나님보다 더 사랑하는 것이 많기에 기도 시간을 내지 못하는 것이다. 물론 주변의 교인들과 비교해서 자신을 기도를 많이 한다고 자부하며 위안으로 삼고 있을지도 모른다. 그렇지만 하나님과 동행하는 자격을 얻는 기준은 상대평가가 아니다. 신앙은 하나님과 자신과의 지극히 개인적인 관계이다. 하나님을 사랑하며 동행하는 삶을 원한다면 당연히 하나님과 만나는 시간을 적지 않게 내야 한다. 그러나 안타깝게도 우리는 직장이나 돈, 쾌락을 위해 먼저 시간을 내고 나서 남은 시간에 하나님을 만나려 하기 때문에 기도 시간을 내지 못한다. 그렇지만 하나님을 우선순위에 두지 않는다면 하나님과 동행하는 삶은 요원한 일이다. 기도하는 사람은 많지만 하나님과 깊고 친밀하게 교제하며 사는 사람은 적은 수에 불과하다. 그래서 천국으로 인도하는 문은 좁고 그 길을 가는 사람은 적다고 말하는 이유인지도 모르겠다.

2) 기도에 집중하는 능력이 없다

기도 시간에 온전히 집중하여 기도하는 것은 어려운 일이다. 눈만 감으면 온갖 잡다한 일들이 수도 없이 떠오르고 사라지곤 한다. 그래서 묵상기도를 하는 것은 꿈도 꾸지 못한다. 통성기도나 방언 기도는 그래도 조금 낫다. 큰 소리로 기도하면 잡념이 틈타는 것을 막아 주지만 문제는 오래 지속하지 못한다는 것이고 기도에 깊게 몰입할 수 없다는 단점도 있다. 방언 기도는 하나님의 영으로 기도하는 것이므로 기도의 내용을 알 수 없기에 일반적인 기도방법으로 사용할 수 없다. 기도란 자신이 원하는 기도 내용을 나열하는 간구가 전부인 것으로 아는 이들은 하나님의 음성을 들을 수 없다. 기도란 찬양과 감사, 회개, 간구, 중보기도를 포함하고 있으며 가장 중요한 것은 하나님을 깊고 친밀하게 느끼고 교제하는 시간이다. 요구사항을 관찰하기 전에 하나님을 가깝게 느끼는 시간이 절대 필요하다. 그렇다면 조용히 그분의 느낌을 알려고 애쓰며 민감하게 반응하여야 한다. 그러한 기도는 조용한 시간에 하나님과 은밀하게 만나는 묵상의 시간이 중요하지만 묵상기도는 고도의 집중력을 요구하기에 정신을 집중시키는 경건의 훈련이 습관으로 자리 잡지 않았다면 기도를 시작하자마자 잡념이 들고 꾸벅꾸벅 졸다가 마치기 일쑤이다. 그래서 차선책으로 통성이나 방언으로 기도하는 방법을 택하는 것이다.

어쨌든 기도를 자주 시도하고 기도할 때마다 하나님을 깊이 만나는 시간으로 채울 수 있다면 놀라운 영적인 능력을 얻을 수 있으며 하나님과 동행하는 삶이 가까워 있다. 그렇지만 우리가 몸담고 있는 현대사회는 조용히 자신을 성찰하거나 영적인 일에 집중하도록 내버려 두지 않는다. 쾌락과 탐욕을 자극시키는 광고에 관심을 빼앗기며 자신의 육체를 만족시키기 위해 주어진 대부분의 시간을 소비하기에 영적인 능력을 키울 수 없다. 이러한 능력을 길러 주어야 할 교회조차도 지상적이고 현세적인 축복만을 강조하고 세속적으로 변질되었기에 기대하기가 어렵다. 내면의 세계에 귀를 기울이고 하나님의 음성을 들을 수 있는 능력은 기도에 몰입되며 한없이 빠져들 수 있는 영적 훈련이 없이는 불가능하다.

하나님께 집중하지 못하는 기도는 시간 낭비이며 형식적인 신앙 행위에 불과하다. 기도가 응답이 없으며 신앙에 힘이 없는 이유는 하나님의 음성을 민감하게 느끼지 못하기 때문이며 기도에 집중하는 습관을 가르치지 않는 교회와 영적인 능력에 관심이 없는 자신에게 그 책임이 있다.

3) 외적인 기도행위에만 관심을 쏟는다

목회자들이 식사를 하기 전에 기도하지 않는다면 제대로 된 목사라고 볼 수 없을 게다. 장로 대통령이 청와대로 교회지도자를 불러내어 식사를 같이하며 친목을 다지는 조찬기도회라는 특별한 모임을 갖기도 한다. 또한 목회자는 물론이고 장로가 새벽기도회에 참석하지 않는다면 지도자 자질이 부족하다고 여겨진다. 새벽기도회는 세계에서 유례를 찾아볼 수 없이 기도에 열심인 우리나라 교회문화를 대표한다. 요즈음은 밤늦도록 기도한다는 철야 예배로 이름이 바뀌었지만 예전에는 밤을 새서 기도한다는 철야 예배를 교회마다 빠짐없이 드려 왔다. 이렇게 우리나라 교회는 각종 명목의 기도회가 무성하다. 기도하는 시간이나 모임의 회수를 따지자면 우리나라처럼 열심인 나라가 없다. 그렇다면 그만큼 정비례해서 하나님의 능력이 임하고 도우심을 체험하고 있는가?

> 마 6:5
> 또 너희는 기도할 때에 외식하는 자와 같이 하지 말라 그들은 사람에게 보이려고 회당과 큰 거리 어귀에 서서 기도하기를 좋아하느니라 내가 진실로 너희에게 이르노니 그들은 자기 상을 이미 받았

느니라

기도는 영적인 일이다. 하나님은 영이시므로 우리도 영혼으로 그분과 만나 교제하여야 할 것이다. 그렇지만 우리 주변에는 남에게 보이는 기도로 일관하는 이들이 너무 많다. 새벽기도회를 비롯한 각종 기도회의 참석 여부를 목회자가 알아주는 것이 하나님의 기도 응답보다 더 관심을 갖고 있으며 자주 교회를 찾아 오랫동안 기도하는 것을 교인들이 알아주기를 은근히 기대한다. 이들은 자신의 기도행위를 하나님보다 사람들이 더 알아주고 칭찬해 주기를 기대하기에 골방에 들어가 은밀하게 하나님을 만나는 것에 별로 관심이 없다. 식사하기 전에 일용할 양식을 주신 하나님께 감사 기도를 하는 것은 아름다운 일이다. 그렇지만 감사하는 마음은커녕 아무런 감흥이 없이 관례 행사로 기도하는 관습에 젖어 있는 크리스천도 적지 않다. 열심히 기도하다 보면 시간과 장소를 가리지 않고 기도하게 된다. 특히 교회를 찾아 기도하면 집보다 집중이 잘되는 것은 물론이다. 그래서 꼭 교회를 가야 기도하는 습관을 들인 이들도 있다. 그렇다 보니 남의 시선이 꽂히고 말하기 좋아하는 이들의 입방아에 오르내리는 일도 있다. 이런 일에 상관없이 하나님을 만나고 기도하는 일에만 관심을 갖다 보면 별 상관하지 않게 된다. 중요한 것은 형식적인 기도행위에 그치는 것이 아니라 영적인 기도를 하느냐가 중요하다. 하나님을 자주 만나며 영적인 기도에 몰입하다 보면 다른 사람들의 눈에 비치는 자신의 모습을 대수롭지 않게 생각할 수도 있지만, 형식적인 기도행위에 신경을 쓰는 사람들은 타인의 칭찬이나 인정에 지대한 관심을 갖는다. 마치 염불에는 맘이 없고 잿밥에만 맘을 둔다는 격이다.

기도는 하나님을 만나는 영적인 통로이다. 그러나 영적인 일에 관심이 없고 영적인 능력에 무지한 크리스천이 너무 많다. 그래서 기도의 능력보다는 외적인 기도행위에 더 관심을 갖는다. 안타까운 일이다.

4) 기도를 자신의 욕구를 채우는 수단으로만 여기고 있다

지금의 아버지와는 달리 옛날의 아버지들은 엄격하고 무서웠다. 그래서 어머니와는 시시콜콜한 대화도 자주 나누었지만 아버지와는 얼굴을 마주치기도 어려워했다. 그렇지만 어쩔 수 없이 대화를 나누어야 할 때가 있다. 학교 진학이나 학비, 용돈, 직장, 결혼 등의 중요한 요청을 해야 할 때이다. 평소에 별로 대화가 없다가 다급한 요청만을 하는 자리로 아버지를 만나는 일은 늘 마음 내키지 않았으며 거절이나 책망을 들은 날은 오랫동안 마음의 상처가 되어 괴롭혔다. 우리는 또 다른 영적 아버지인 하나님에 대해서는 너무 쉽게 대하는 경향이 있다. 기도를 마치 부자 아버지에게 떼를 쓰며 요구사항을 관철하는 행위로 일관하고 있다. 그래서 하나님께 희생 행위의 강도를 높여 압력(?)을 행사하기 위해 장기간의 새벽기도나 기도원에서의 금식기도, 철야기도를 작정하기도 한다. 이는 희생 행위의 강도가 높을수록 하나님을 감동시켜 축복을 받을 수 있다는 기복신앙에서 따온 것을 아는 것이 어렵지 않다. 그래서 희생 행위를 높였더니 하나님으로부터 응답이 신속하게 왔다는 투의 간증을 듣는 것도 어렵지 않다. 또한 믿고 기도한 것은 받은 줄로 믿으라거나, 구하면 주시고 두드리면 열릴 것이라는 성경 말씀만을 붙들고 확신하며 기도하는 것을 응답이 오는 견고한 믿음이라고 생각하고 있다.

교회에서의 통성기도 시간이나 기도원에서 기도하는 모습을 지켜보면 누구나 자신이 얻기 위한 요구사항을 관철시키는 내용으로 빼곡하다. 응답받는 기도의 요건이 희생의 강도를 높여야만 요구사항이 관철되는 것으로만 알고 있는 듯하다. 그들의 기도 내용은 대부분 질병의 치료, 자녀의 상급학교입학, 남편의 사업이나 직장에서의 성공, 지난한 문제의 해결 등 지상적이고 세상적인 축복이나 문제를 해결하는 내용이다. 이는 교회에서 배운 기도에 대한 가르침이 세속적인 축복을 얻는 수단이 전부여서 그렇지 않았을까?

약 4:3
구하여도 받지 못함은 정욕으로 쓰려고 잘못 구하기 때문이라

성경은 우리가 희생적으로 기도하여도 응답이 없을 수 있음을 여러 차례 밝히고 있다. 응답받는 기도란 하나님의 뜻대로 기도하는 것이다. 하나님이 최상으로 여기시는 기도는 하나님의 나라와 그 의를 구하는 것이다(마 6:33). 예수님이 가르쳐 주신 주기도문의 내용도 찬양과 더불어 하나님의 나라를 구하는 게 우선이다. 그러므로 자신의 욕망을 채우려는 기도는 하나님으로부터 외면당하고 응답이 없을 게 당연하다. 그렇지만 사람들은 응답이 없어도 쉽게 포기하지 않는다. 믿음이 부족하다고 여겨 희생의 강도를 더하고 때가 되지 않았다고 생각해서 더 기다려야 한다고 우긴다. 기도 응답이 오는 하나님의 뜻에 대해서는 관심조차 없다. 하나님은 탐욕을 우상 숭배라 하여 가증한 행위로 여기셨지만 우리는 세상의 축복과 삶의 문제해결을 위해 기도를 이용하려 할 뿐이다.

3.
쉼 없는 기도란 무엇인가?

1) 성경적인 기도를 하라

기도는 크리스천들에게 친근한 행위로서 아주 중요한 개념이다. 그렇지만 기도에 대해 잘못 알고 있거나 생각 없이 지금까지의 관행적인 행위를 반복하고 있는 사람들도 적지 않다. 기도는 하나님과 교제하는 한 형태이자 영적인 통로로서 찬양, 감사, 회개, 간구(중보기도 포함) 등이 중심이다. 그중에서도 찬양과 간구가 핵심적인 내용이다. 간구는 하나님께 간절히 요청하는 행위지만 그 내용이 자신의 욕구를 충족시키는 것 이전에 하나님의 나라의 임재와 공의를 비는 기도가 첫 번째이자 최상의 기도가 될 것이다. 이상적인 간구를 위해서는 먼저 성령을 받기 위한 기도가 필요하다. 기도는 하나님께 대한 예배 가운데 포함되어 있는 중요한 행위로서 집단적으로 하기도 하지만 성경 역사를 보면 개인적인 기도도 중요했으며 실제로 하나님으로부터 많은 응답이 있었다. 가장 효과적인 기도는 하나님의 뜻에 순종하는 기도이며 하나님의 약속들은 기도와 생활의 일차적인 목표로서 하나님의 뜻을 받아들일 때 이루어진다. 물론 기도하지 않아도 하나님은 우리가 무엇이 필요한지 다 알고 계신다. 그러한 생각은 기도의 필요성을 반감시킨다고 생각할지 모르나, 기도란 자유로운 인간과 능력이 무한한 하나님의 사이의 언약 관계가 믿음 위에 기초할 때만 견고하게 이루어질 수 있다.

2) 쉼 없는 기도를 어떻게 하는가?

살전 5:17

쉬지 말고 기도하라

쉬지 말고 기도하라는 말씀은 무척 유명해서 모르는 크리스천이 별로 없을 듯하지만, 이 말을 현장의 삶에서 적용하는 이는 적다. 필자도 이 기도 원칙의 중요함을 알지 못하고 오랜 시간을 흘려보냈다. 사실 쉬지 말고 기도하라는 말은 사도들이나 쓸 수 있는 훈계이지 우리 같은 평범한 사람들에게 너무 높이 있는 신앙의 수준처럼 보인다. 쉬지 않고 기도하라면 직장에도 가지 말고 가정도 포기한 채 교회나 기도원에서 일생을 보내란 말처럼 생각되기도 한다. 그래서 이 말씀은 그냥 열심히 기도하라는 내용을 생생하게 풀어 쓴 비유로 생각하고 이 기도 원칙에 귀를 기울이지 않는다. 그렇지만 이 말씀은 사도바울만 즐겨 사용한 게 아니다. 예수님도 항상 기도할 것을 말씀하시면서(눅 18:1) 습관을 들여 모범을 보이셨다. 이방인으로 최초의 성령세례를 받은 고넬료도 항상 기도하였다고 성경은 기록하고 있다(행 10:2).

그래서 필자는 이 기도 원칙을 삶에 적용해 보기로 했다. 쉬지 않고 기도하라는 뜻이 하루에 단 한 번이라도 성실하게 시행하라는 뜻일 수도 있고 틈만 나면 수시로 기도하라는 의미로 받아들일 수도 있어 혼란스러웠다. 물론 성경 전체를 관통하는 기도 원칙은 하루에 몇 번 기도하였거나 몇 시간 기도하였다는 게 그리 중요하지 않다. 다만 열심히 기도하라는 뜻에 크게 벗어나지 않을 것이다. 그렇지만 구체적인 범위를 설정하지 않다면 삶에 구체적으로 적용하는 게 쉽지 않을 것이고 나중에는 흐지부지되어 포기하게 될 게 뻔하다. 하루에 한 번, 새벽기도회에 나가 기도하는 것도 결심을 하고 작정을 해도 어려운 판인데 쉬지 않고 기도하는 것을 습관으로 들인다는 게 보통 사람들에게 너무 높아 보였다. 그렇지만 하나님과 동행하는 삶과 쉬지 말고 기도하라는 말씀은 필연적인 관계를 맺고 있어 보이기에 오랫동안 고심하면서 수없는 시행착오를 겪어야만 했다.

살전 5:19
성령을 소멸하지 말며

쉬지 말고 기도하라는 말의 구체적인 범위는 그리 멀지 않은 곳에 해답이 있었다. 바로 다음 구절인 성령을 소멸하지 않도록 하는 기도라는 뜻이다. 문제의 어려움을 생각해 볼 때 허탈하다시피 쉽게 밝히는 것 같지만 필자는 이 뜻을 깨닫는 데 몇 년이 걸려야 했음을 고백한다. 그만큼 먼 길을 돌아온 이유는, 하나님이 원하시는 성경적인 기도와 우리가 시행하는 기도 사이에는 쉽게 건널 수 없는 큰 강이 있었기 때문이다. 우리는 쉬지 말고 기도하라는 말을 계량화(計量化)시키려는 고정관념을 가지고 바라보기 때문에 행간에 숨은 깊은 뜻을 깨달을 수 없다. 먼 길을 돌아와 철저하게 깨달아야 했던 것은, 기도란 하나님으로부터 무엇인가를 얻으려고 하는 간구이기 이전에 하나님의 영과 내 영혼이 깊고 친밀하게 교제하는 영적인 통로라는 사실이다. 즉 성령 충만한 상태가 전제되어 있어야 한다는 것이다. 그렇지만 우리는 말로는 성령 충만을 입버릇처럼 외치고 있지만, 성령 충만한 기도가 무엇인지 깨닫지 못하고 늘 해 왔던 대로 기도 시간을 채우는 데 급급했다. 하나님이 영이 내 안에 내주하셔서 가득 채우지 않은 상태에서의 기도는 무의미하다. 그러한 기도는 단지 자기만족에 불과하겠지만 우리는 그동안 이런 기도에 너무 익숙해 왔다. 그래서 오랫동안 기도해도 응답이 없으며 무기력한 신앙 행위를 반복해야만 했다. 결론적으로 쉬지 않고 기도하는 구체적인 범위는 성령이 소멸되지 않도록 마음을 새롭게 하여 내 안에 계신 성령을 찾고 부르며 하나님의 나라가 임하도록 해야 한다는 것이다.

3) 성령 충만과 쉼 없는 기도와의 관계

성령 충만한 상태는 어떤 느낌을 말하는 것일까? 물론 개인적인 체험이 다르고 상황마다 느낌이 다를 수밖에 없겠지만, 공통점은 성경에 약속한 대로 기쁨과 평안이 넘친다는 것일 게다. 기도를 시작하면 무엇에 홀린 듯 깊숙이 빠져 들어가는 느낌도 성령에 몰입된 상태이다. 감정이 고조되면 전기가 감전된 듯한 짜릿한 기분도 들고 형언할 수 없이 가슴이 벅찬 느낌도 자주 일어난다. 이러한 느낌은 성령 충만할 때만 느끼는 특별한 느낌이 아니기에 혼동할 수도 있다. 찬송가가 아니라 유행가를 부르더라도 기분이 흥겨워진다. 기도가 아니라도 기분 좋은 상상을 하면 마음이 뛰는 것도 경험할 수 있다. 그러므로 기분이 좋고 상쾌한 느낌이 모두 성령이 주시는 체험만은 아니라는 것이다. 대부분의 크리스천들은 특별집회에서 드럼과 전자기타, 키보드 등의 쿵쾅거리는 음악 소리가 분위기를 압도하고 빠른 곡조에 맞추어 찬송이나 복음성가를 부르면서 통성기도를 큰 소리로 하다 보면 감정이 격앙되어 심장박동이 빨라지고 호흡이 거칠어지며 환상적인 기분을 경험한다. 그래서 이때를 성령이 충만한 상태라고 여기기 쉽다. 물론 그럴 수도 있다. 그렇지만 언제나 그런 것은 아니다. 이런 현상은 현란한 조명이 돌아가는 나이트클럽에서 웅장한 음악 소리에 맞추어 춤을 추더라도 느끼는 기분이기 때문이다. 만약 성령 충만에서 오는 현상이라면 오랫동안 시간이 지나더라도 느낌이 사라지지 않을 게다. 그렇지만 단지 주변 분위기에 압도되어 생긴 감정의 격앙이었더라면 집회를 빠져나오기가 무섭게 사라질 것이 분명하다.

성령이 내주하시는 확연한 느낌은 떠들썩한 집회 분위기에서 벗어나 조용히 묵상하며 기도하는 중에 더욱 분명하게 느낄 수 있다. 무어라 말할 수 없는 잔잔한 평안과 기쁨이 넘치는 기분은 기도에 깊이 빠지게 하는 원동력이다. 이런 기분을 맛보면 세상이 주는 즐거움에서 멀어지게 된다. 술이나 담배, 마약 혹은 쇼핑에서의 만족 등 세상이 주는 쾌락은 단기간에만 존재한다. 술이 깨면 즐거운 기분도 사라지고 쇼핑에서 얻는 만족도는 오래 지속되지 않는다. 그래서 더 많은 쾌락을 얻기 위해 투

입 강도를 높여야만 한다. 그렇지만 세상의 것에서 얻는 쾌락은 바닷물을 마시는 것처럼 갈증의 수위만을 높여 줄 것이다. 적지 않은 사람이 기도를 힘든 노동이라고 표현하고 있지만 이는 기도를 통해 성령이 주시는 기쁨을 모르는 상태에서만 맞는 말이다. 성령과 교제하는 기도의 맛을 아는 사람은 세상이 주는 쾌락이 이를 대신할 수 없다는 것을 알게 된다. 그러한 상태가 되면 하루 종일 기도하고 싶어지고 자신도 모르게 기도를 시도하는 모습을 발견하게 된다. 즉 성령 충만을 확인하고 싶어지고 하나님이 주시는 평안과 기쁨을 느끼고 싶기에 결국은 성령이 소멸되지 않도록 자주 기도하게 되는 것이다. 물론 이러한 기도의 경지에 오르는 것은 경건의 훈련을 통해 일상의 삶에서 기도 습관으로 들여야 가능하다. 필자도 이십여 년의 평신도 시절에 경험하지 못했으며 목회자가 되어서도 3~5년 동안 기도훈련을 통해서야 비로소 얻을 수가 있었다. 그래서 지금은 성령 충만한 느낌을 분명하게 알게 되었다. 성령 충만한 상태는 쉽지 않지만 소멸하는 것은 어렵지 않게 발생하기에 쉼 없는 기도로서 이의 상태를 늘 확인하며 민감하게 반응하며 기도를 방해하는 일을 만들지 않으려고 하고 기도가 막히는 일들을 사전에 예방하는 일에 더욱 힘쓰고 있다.

4.
어떻게 쉼 없는 기도의
습관을 들일 것인가?

하루에 한 번 새벽기도회에 참석하는 것도 어려운 일일진대 일상의 삶에서 쉼 없는 기도의 습관을 들이는 것이 힘든 일임은 새삼 말할 나위 없다. 그렇지만 하나님과 동행하는 삶을 원한다면 이를 넘지 않고 나아갈 방법은 없다. 만만치 않은 일임은 분명하지만 가치 있는 일에는 언제나 희생이 따르기 마련이다. 그러므로 어려운 일일수록 결심을 단단히 하고 진지하게 시작해야 한다. 시간이 오래 걸리고 실망과 좌절 사이에서 주저앉고 싶을 때도 적지 않겠지만 달콤한 열매를 생각한다면 이보다 힘든 일도 할 수 있을 것이다. 쉼 없는 기도의 습관을 들이는 일보다 세상에서 더 가치 있는 일도 없을 것이기에 말이다.

1) 성령이 내주하시는 기도는 절대적이다

엡 6:18
모든 기도와 간구를 하되 항상 성령 안에서 기도하고 이를 위하여

깨어 구하기를 항상 힘쓰며 여러 성도를 위하여 구하라

그동안 필자는 이 말씀을 수도 없이 읽었지만 늘 들어오던 상투적인 권고로만 여겼다. 여태껏 성령 안에서 기도하는 것이 얼마나 중요한지 모르고 신앙생활을 해 왔으니 그 어리석고 무지함이 너무나 부끄럽다. 그렇지만 필자뿐 아니라 많은 크리스천들은 성령 안에서 기도하는 것의 중요한 의미를 깨닫지 못하고 있을 것이다. 교회에서 기도만큼 강조하는 행위도 없겠지만 정작 어떻게 기도해야 하는지 잘 가르치는 교회도 찾기 어렵기 때문이다.

모든 기도는 예외 없이 성령 안에서 기도해야 한다. 다시 말해서 기도를 시작하기가 무섭게 성령의 충만함을 구하고 성령이 내주하실 때까지 간절히 그리고 끈기 있게 기다려야 한다는 사실이다. 그러나 대부분 기도를 시작하면 얻어내고 싶은 요구사항만을 줄기차게 부르짖는 게 우리의 모습이 아닌가. 물론 기본적인 찬양이나 감사가 전혀 없는 것은 아니지만 요식행위에 불과하다. 그렇지만 하나님이 듣지 않는 기도라면 아무리 간절히 요청하고 부르짖었다고 하더라도 시간 낭비이지 않을까? 또한 그런 기도의 모습은 전투적인 기도 자세와 희생을 요구하기에 오래 지속하지 못한다. 그래서 일정 기간 새벽기도를 작정하거나 기도원에 쫓아가 금식하며 기도하는 행위는 백병전에 앞서 착검(着劍)을 하고 우렁차게 고함을 지르며 고지를 향해 맹렬하게 달려가는 돌격대의 모습과 흡사하다. 이런 기도는 짧은 기간이라면 가능하겠지만 평생 지속할 수가 없다. 그래서 기도가 하나님과의 깊고 친밀한 교제라는 것을 안다면 그간 우리가 해 왔던 관행이 참으로 어처구니가 없을지도 모른다. 만일 이런 전투적인 기도가 굳센 믿음의 행위라고 여기는 우리의 무지함을 하나님께서는 얼마나 안쓰럽게 생각하실까.

렘 29:13
너희가 전심으로 나를 찾고 찾으면 나를 만나리라

성령 충만한 느낌은 오랫동안 성령이 내주한 체험이 없는 사람들은 잘 깨닫지 못하겠지만, 하나님과 동행하기 위한 절대불변의 법칙은 성령과 깊고 친밀한 기도를 해야 한다는 사실이다. 성령이 임하는 방법은 그다지 어렵지 않다. 예레미야서의 말씀에서 약속한 대로 간절히 찾으면 된다. 필자는 쉼 없는 기도의 훈련을 시작하면서 성령 충만을 간절히 구했다. 하루에 수십 번은 기본이고 하루 종일 하나님의 영이 내 안에 임하게 해 달라는 기도만 한 적도 많았다. 지금도 성령과의 친밀함이 감소된 상태인 건조하고 냉랭한 마음이 들어서면 예외 없이 간절하게 하나님을 부르는 기도를 하곤 한다.

또한 쉼 없는 기도의 원동력은 믿음을 향한 견고한 의지나 굳은 결심이 아니다. 물론 사람에 따라서는 강철 같은 의지와 무서운 결단력을 보여 주는 이들도 있겠지만 흔한 일이 아니다. 대부분의 사람들은 작심삼일로 그치기 일쑤이다. 한 달 동안의 새벽기도조차 지키는 것도 어려운데 평생 쉼 없는 기도를 지속하는 것은 또 다른 동력이 필요하다. 그것은 성령이 주시는 평안과 기쁨이다. 성령 충만한 기도에서 나오는 잔잔한 평안과 넘치는 기쁨을 얻기 위해서는 적지 않은 기도훈련이 필요하겠지만 이를 체험하지 못한다면 쉼 없는 기도는 언감생심일 것이다. 그렇지만 성령이 내주하시는 증거인 평안과 기쁨을 맛본다면 스스로 자가발전(自家發電)하는 기도의 동력을 얻은 셈이다. 그다음부터는 누가 시키지 않더라도 기도하고 싶어지고, 틈만 나면 기도하는 자신을 발견할 수 있다.

한때 성령 충만을 경험했다고 하더라도 이를 지속하지 못하는 것도 중도에 포기하는 이유 중 하나이다. 성령 충만을 체험하는 것조차 쉽지 않은 일이지만 성령이 소멸되는 일은 흔한 일이다. 하나님께서는 자신을 찾지 않은 사람에게 줄곧 함께 계시지 않는다. 또한 술 취함, 음란, 탐욕, 갈등, 의심, 미움, 걱정, 염려 등의 감정에 사로잡히게 되면 어김없이 성령은 사라진다. 게다가 현대사회는 늘 기도할 수 있도록 자신을 가만 내버려 두지 않는다. 돈과 쾌락에 대한 욕망과 TV, 영화, 게임, 취미, 오락 등 갖가지 즐거운 일들은 쉼 없는 기도를 방해한다. 이유가 무엇이든 간에, 하루만 기도를 잊고 지냈어도 성령과의 친밀함이 줄어들어 다시 뜨겁게 성령의 친밀함을 요청해야 한다. 필자의 경험으로 본다면 성령과의 친밀한 상태에 민감하게 반응하는 삶이 습관화되지 않는다면 수많은 시행착오를 거치며 실망과 좌절의 쓴맛을 보게 될 것이다. 결국 쉼 없는 기도의 성공요건은 성령 충만한 기도를 습관으로 들이는 일에 달려 있다. 그만큼 성령 충만은 쉼 없는 기도에 필수불가결한 조건이다.

2) 침묵기도를 몸에 배게 하라

침묵기도는 말 그대로 마음속으로 기도하는 것으로 입으로 소리 내어 기도하는 통성기도와 상대적인 개념이다. 이를 두고 어떤 이들은 성경 말씀을 생각하며 기도하는 것만을 말하고 있지만 통상적으로 침묵하며 기도하는 모든 기도형식을 말한다. 요즈음은 본질의 직관(直觀)에서 온다는 관상기도(觀相祈禱)를 특별하게 여기는 이들도 있지만 엄격히 말하자면, 이도 침묵기도의 발전된 형태라고 볼 수 있다. 침묵기도에 깊숙이 몰입되면 체험하는 갖가지 영적인 느낌들을 통해 하나님을 더욱 친밀하게 느끼고 교제할 수 있기 때문이다. 그러므로 침묵기도가 몸에 배는 것은 쉼 없는 기도를 위해서 아주 중요한 일이다. 대부분 교회의 기도 시간에는 통성기도를 사용하고 있기에 개인적인 기도에서조차 소리 내어 기도하는 이들도 많다. 물론 침묵기도나 통성기도 혹은 금식기도를 막론하고 하나님과 교통하는 것은 똑같기 때문에 어떤 기도방법을 사용해도 문제가 없다. 그렇지만 쉼 없는 기도에는 묵상기도를 일반적인 방법으로 사용해야 된다. 왜냐하면 묵상기도는 언제 어디서나 기도할 수 있기 때문이다.

그렇지만 통성기도와는 달리 침묵기도는 훈련이 되어 있지 않으면 기도에 집중할 수 없다. 통성기도는 소리를 내어 하기 때문에 자신의 기도를 들으면서 기도할 수 있어 집중하기가 수월하다. 그렇지만 침묵기도는 조용히 마음속으로 기도의 내용에 집중하면서 기도해야 가능하다. 그렇지만 훈련이 되지 않은 사람들이 이 기도를 시작하면 오래지 않아 잡념이 쉴 새 없이 끼어들어 기도를 방해하고 잡념과 더불어 졸음까지 쏟아진다. 그래서 꾸벅꾸벅 졸다가 기도를 끝마치는 게 다반사이다. 그러므로 묵상기도는 오랫동안 훈련을 해야 하며 기도에 집중할 수 있도록 만반의 준비를 갖추어야 한다. 필자가 침묵기도를 습관으로 들이는데도 나름대로 3년 이상의 훈련시간이 필요했지만, 습관이 된 지금도 고도의 집중력을 발휘할 수 있는 만반의 준비를 소홀히 하지 않는다. 예를 들어, 충분한 휴식과 잠이 필요하다. 피곤하고 잠이 부족하다면 깊이 빠져드는 기도를 할 수 없다. 또한 마음속에 갈등이나 탐욕, 쾌락, 음란, 걱정, 염려 등이 자리 잡고 있으면 기도에 집중하기 힘들다. 그러므로 기도를 방해하거나 기도를 막게 하는 것들에게서 멀리할 필요가 있다. 그렇지만 이런 상황이 만족하다고 기도가 잘되는 것도 아니다. 성령이 항상 충만하게 유지하는 상태도 중요하다. 성령이 소멸된 상태라면 회복되는 데 적지 않은 시간과 노력이 필요하다. 그럼에도 불구하고 이렇게 어려운 침묵기도를 왜 해야 하냐면 쉼 없는 기도는 시간과 장소에 상관없이 기도를 해야 하기 때문이다. 늘 기도를 시도하고 기도를 시작하면 기도에 집중해야 한다. 즉 기도가 삶의 중심이자 전부인 것처럼 바꾸어야 가능하다. 늘 기도만을 생각하고 있지 않다면 쉼 없는 기도를 배울 수 없다.

즉 쉼 없는 기도를 습관으로 들이는 게 어려운 이유는 일상의 삶에서 항상 기도하는 것도 힘들거니와 침묵기도를 통해 집중적으로 기도하여야 하기 때문일 것이다. 그래서 쉼 없는 기도는 훈련이 필요하고 전략도 짜야 한다. 물론 같은 행동을 수도 없이 반복하는 것이 훈련의 전부겠지만 영적인 훈련은 단기간에 가시적인 효과도 보기 어려우며 단계별로 성취감을 습득하는 것도 만만치 않은 일이다. 필자의 경험으로 보면 오랫동안 수도 없는 시행착오를 거치면서 포기하지 않는 의지와 참고 견디는 능력을 필요로 할 뿐이다. 오랫동안 기도를 반복하다 보면 좌절과 실망의 늪에 빠지기도 하지만 시간이 지나면 성령과 동행하는 삶이 무엇인지 서서히 깨닫게 되며 성령이 주시는 평안과 기쁨을 체험하게 된다. 이때까지 오기가 가장 어려운 것이다. 기도의 능력은 자신의 의지나 노력에서 나오는 것이 아니라 성령의 내주하심과 도우심이 지속적으로 유지할 수 있는 기도 습관에서 나오는 것이기 때문이다.

3) 기도 시간과 장소에 대한 고정관념을 버려라

우리 크리스천은 기도장소에 대한 유별난 고집을 갖고 있다. 기도란 교회나 기도원 등에서 하는 것이라는 고정관념이 있어서일 게다. 그래서 집을 떠나 여행을 가서도 새벽기도는 가까운 교회를 찾아 나선다. 필자 주변에는 믿음이 좋은 분들이 적지 않다. 이들은 열심히 기도하는 분들인데, 가정생활과 직장 일로 바빠 기도할 시간을 내지 못하겠다고 어려움을 토로하면서도, 새벽기도는 차를 타고 30분을 가야 하는 본교회에 가야 하며 저녁에도 역시 본교회에 찾아 기도하다가 늦게 집에 들어간다고 한다. 그래서 잠도 늘 부족하고 청소며 설거지를 제대로 못 해 집안은 엉망이라고 한다. 그래서 필자가 군이 교회를 고집하지 말고 시간과 장소를 가리지 않고 집이나 사무실, 자동차 안에서 기도를 하면 어떻겠냐는 말에 긍정도 부정도 하지 않는다. 교회가 아닌 장소에서 기도하는 습관을 들이지 않은 탓에 수긍하기가 어려웠는지도 모른다. 물론 주변 분위기가 익숙한 본교회에 가면 방해받지 않으며 기도집중이 잘 되는 것을 모르는 바는 아니다. 그렇지만 가고 오는 시간을 계산해서 기도하는 시간보다 많이 걸린다면 배보다 배꼽이 더 큰 게 아닌가. 그렇다면 쉬지 않고 기도하는 습관을 들이는 게 불가능할 것이다.

예전에 사역이 열리기 전에, 필자가 가장 많이 기도하는 곳은 가정이었다. 서재에서 눈을 뜨거나 잠들기 전에 각각 1시간 정도 기도하곤 한다. 그다음으로 많이 기도하는 곳이 사무실이었다. 화장품 영업을 위해 원룸을 사무실로 얻어 상품을 보관하거나 쉬기도 하며 가족끼리 예배도 드린다. 그래서 사무실에 있는 시간이면 그곳에서 기도하고 있다. 집이나 사무실에는 오래 기도해도 불편하지 않게 푹신한 방석과, 좌식의자를 비치해 놓고 있다. 그다음이 자동차 안에서였다. 필자는 아내와 함께 화장품 영업을 13년 동안 해 왔으므로 배달과 판매를 위해 차에서 보내는 시간이 많았다. 그래서 틈만 나면 차 안에서 기도하곤 했다. 공원을 산책하다가 벤치에 앉아 기도를 시도하기도 하고 누구를 기다리게 되면 으레 아무 데나 몸을 붙이고 기도를 했다. 기차나 버스를 타면 좌석이 기도실이고 아내와 백화점을 쇼핑하게 되면 백화점 소파에 앉아 기도하기도 했다. 즉 장소와 시간을 가리지 않고 기도를 시도했던 것이다. 그러나 방해받지 않는 조용한 장소에서만 기도해 왔다면 낯선 곳에서 기도를 하는 것이 남의 이목이 신경이 쓰이고 설령 기도를 시도한다고 하더라도 집중하기 힘들 것이다. 그렇기에 오랜 기도훈련을 통해 집중력을 길러야 한다. 마치 양궁선수들이 함성소리가 대단한 경기장에서 집중력을 잃지 않기 위해 시장의 소음을 녹음해서 틀어놓거나 혼잡한 길거리에서 훈련하는 것도 이와 다르지 않다. 기도는 자신과의 싸움이다. 고도의 집중력을 기르는 훈련이 없다면 쉼 없는 기도는 나와는 상관없는 일일 뿐이다.

디아스포라로 흩어진 초대교회의 크리스천들은 성전을 찾아 기도하는 것이 연례 행사였으며 가까운 회당조차 일주일에 한 번 가기도 쉽지 않은 일이었을 것이다. 쉬지 말고 기도하라고 독려했던 바울 자신도 정처 없는 나그네의 몸이라 기도하는 장소와 시간이 굳이 정해진 게 없었을 게 뻔하다. 틈만 나면 아무 데나 조용한 곳을 찾아 기도하였을 것이다. 예수님도 집이 없었기에 습관적으로 조용한 곳을 찾아 광야에서 기도하시곤 했다. 이와 같이 초대교회 성도들은 기도할 수 있는 장소이면 가리지 않고 기도했을 것이다. 그렇지만 우리는 생각이 다르다. 대부분의 크리스천들이 기도 습관을 들이지 못하는 이유가, 새벽 4시 30분에 일어나 교회를 찾아가 새벽기도회에 참여하는 행사가 잠이 부족한 현대인에게 어려운 숙제이기 때문이다. 잠을 충분히 자고 6시에 일어나 집에서 기도하는 습관을 들였다면 그나마 지속하기가 쉬울 것이지만 교회나 기도원에서만 기도해야 한다는 고정관념 때문에 무시로 기도하는 기도 습관을 들이지 못한다. 기도는 하나님과의 교제이다. 시간과 장소를 가리지 않고 언제, 어느 때나 하나님을 찾고 부르며 찬양하고 감사하며 간구를 하는 습관을 들이는 것이 참된 기도의 모습이다.

4) 기도를 도와주는 도구를 활용하라

쉼 없는 기도를 위해서는 아침저녁으로 방해받지 않고 깊게 기도할 수 있는 조용한 장소가 필요하다. 이는 대부분 집이나 교회가 될 것이다. 교회라면 시간 제약이 있을 것이며 집이라면 방해받지 않도록 가족들의 도움이 필요하다. 필자는 아침에 일어나자마자 그리고 잠자기 전에 기도하는 습관을 들여 기도하는데 이때 다른 가족들은 최대한 조용히 하도록 도와주어야 한다. 그러므로 집에서 기도하는 습관을 들이려면 자신의 결심도 필요하지만 다른 가족들이 기도를 방해하지 않도록 정중하게 요청하는 것도 잊지 말아야 한다. 집에서는 방이나 서재, 거실 등 한 곳을 정해 놓고 기도하면 된다. 어느 분은 집이 작아 고민하던 중 베란다의 한쪽을 칸막이로 막아 기도공간을 만들어 이용하니 참 좋다고 한다. 누구나 집중력을 발휘하려면 시간이나 장소, 분위기 등이 익숙해야 한다. 낯선 곳에서 기도에 집중하는 것은 오랜 훈련이 되어야 가능하다. 그러므로 아침저녁으로 기도할 때는 장소나 시간을 규칙적으로 정해 놓고 이를 실천하는 게 집중적인 기도에 필요하다.

도시를 떠나 깊은 산에 들어가 살지 않는 한, 생활 소음에서 벗어날 수 없다. 조용한 집이나 교회라고 할지라도 완벽하게 소음이 차단되지 않는다. 통성으로 기도한다면 주변의 소음이 자신의 기도 소리에 묻혀 별 문제가 되지 않겠지만 마음속으로 침묵하며 기도한다면 작은 소음이라도 여간 신경이 쓰이는 게 아니다. 특히 대낮에 차 안이나 공공장소에서 기도를 시도한다면 소음 때문에 집중하지 못할 게 뻔하다. 그래서 필자는 이 문제를 두고 고심하다가 하나님께서 주신 지혜로 해결했다. 수영용 귀마개를 이용하는 것이다. 수영장에서 쓰는 실리콘 재질의 귀마개를 끼면 옆에서 대화하는 소리조차 작게 들릴 정도로 큰 소음은 웬만큼 차단 된다. 그래서 필자는 이 귀마개를 여러 개 두고 사용하곤 했다. 차 안에서 기도하거나 주변이 시끄러운 데서, 혹은 통성으로 기도하는 사람 때문에 방해가 된다면 소음을 차단하고 기도에 집중하는 데 많은 도움을 줄 것이다. 물론 처음에는 이물감(異物感) 때문에 갑갑하거나 오래 끼고 있으면 간지럽기도 하지만 습관이 되면 그런 증상은 사라질 것이다. 어쨌든 필자의 경험으로 보면 도시의 소음 속에서 기도하도록 도와주는 이 도구는 하나님이 주신 선물이라고 생각한다. 필자가 즐겨 사용했던 또 다른 도구는 수면용 눈가리개이다. 밤에 차 안에서 기도하다 보면 상대방 차의 헤드라이트 때문에 눈이 부셔 집중하기가 힘들다. 이럴 때 눈가리개를 착용하면 방해받지 않고 기도에 집중할 수 있다. 기차로 여행할 때나 주변이 너무 환해 기도에 집중하기 힘들면 언제나 눈가리개를 사용했다. 눈가리개도 처음에 착용하면 갑갑하며 여름에는 덥고 땀 때문에 힘들기도 하다. 이때는 짙은 선글라스로 대신하기도 한다. 수영장용 귀마개와 수면용 눈가리개는 가격도 저렴하고 휴대로 간편해 주머니나 가방에 넣어 가지고 다니거나 가까이 두고 즐겨 사용했다. 필자는 도시의 소음 속에서 조용한 수도원의 삶을 꿈꾸곤 했다. 이 두 가지 도구는 완벽하지는 않지만 80%는 도움을 주어서 늘 감사하고 있다.

그 밖에도 즐겨 사용하는 도구는 좌식의자나 등받이 베개, 푹신한 방석 등도 빼놓을 수 없다. 필자는 중년의 나이에도 농구를 즐겨 했기에 허리를 무리해서 사용하여 지금도 허리가 많이 약한 편이다. 그래서 오래 앉아 있을 때는 벽이나 기둥에 기대어 허리를 받쳐 주어야 한다. 집중적으로 기도할 때는 1시간은 기본이고 2~3시간도 금방 지나가기에 편안한 자세가 중요하다. 그래서 생각난 것이 좌식의자이다. 좌식의자는 일식집에서 흔히 볼 수 있는 등받이가 있는 앉은뱅이 의자인데 등을 기대고 양반다리 자세로 기도하면 된다. 그렇지만 좌식의자는 등받이가 고정되어 오래 앉는 게 불편한 점도 있다. 또한 오래 앉다 보면 엉덩이가 아프고 불편한데 이를 위해서는 두툼한 방석을 깔고 앉는 게 좋다. 그래서 영성학교는 넓고 두툼한 기도원 방석을 비치해 놓고 있으며 개인적으로도 사용한다. 이외에도 찾아보면 자신에게 맞는 도구를 발견할 수 있을 것이다. 기도는 크리스천이 해야 하는 의무사항을 떠나 절대적인 행위라고 생각한다면 끊임없는 기도를 위해서 어떤 희생이라도 치를 각오가 되어 있어야 한다. 사람들이 하나님과 동행하는 삶을 살지 못하는 이유는 성령이 내주하시는 절대조건인 쉼 없는 기도를 습관으로 들이지 못했기 때문이다. 그러므로 기도할 시간이 없다고 푸념하기 전에 일상의 삶에서 기도할 수 있는 실현 가능한 방법을 찾아 삶에 적용하는 적극적인 자세가 필요하다.

5) 기도를 방해하는 요인을 제거하라

기도를 방해하는 것들은 내부적인 요인과 외부적인 요인이 있다. 먼저 내부적인 요인은 기도를 하고자 하는 동기와 의지가 부족해서 시작을 하더라도 오래 지속되지 못한다. 이들은 대부분 해결하기 어려운 삶의 문제가 있거나 교회의 기도 행사 등에 떠밀려 기도를 시작하지만 습관이 들지 않아서 기도를 못 하게 하는 상황이 발생되면 이를 핑계 삼아 이내 포기하고 만다. 일상의 삶에서 하나님이 차지하는 부분이 크지 않아 삶의 우선순위에 기도가 들어서지 못하기 때문이다. 그래서 이들에게는 거듭되는 인생의 위기가 유일한 기도의 동기부여가 될 뿐이다. 이런 내부적인 요인을 제거하려면 자신의 정체성을 깨닫고 삶에 대한 진지한 통찰의 시간이 먼저 있어야 한다. 그래야 진정한 삶의 의미와 인생 문제에 대한 해결책을 찾게 될 테니까 말이다. 이 글의 독자들은 이미 기도의 중요성을 깨달았을 거라고 보고 기도를 방해하는 외부적인 요인에 초점을 맞추어 나가겠다.

시간을 죽이는 것들을 삶에서 내보내라

직장에서 일찍 돌아오거나 쉬는 날이면 무엇을 하며 시간을 보내는가? 대부분 취미생활이나 휴식을 취하며 여가를 선용하게 보낼 것이다. 그렇지만 건강을 위한 운동이나 건전한 취미생활을 제외한 '시간 죽이기'를 하고 있다면 즉각 삶에서 몰아내야 한다. 보통 사람들이 '시간 죽이기'를 하는 대상은 TV에서 보여 주는 영화나 드라마에 빠져 있거나 인터넷 서핑이나 게임을 하는 것이 주류를 이룰 것이다. 영화나 드라마, 게임 등은 재미에 초점이 맞추어져 있어 보기 시작하면 끝날 때까지 자리를 뜰 수가 없다. 이런 것을 계속 즐기고 싶다면 쉼 없는 기도는 꿈도 꾸지 말아야 한다. 평소에는 회사 일이나 공부로 인해 기도할 시간이 부족할 터인데 쉬는 시간에도 이런 행위로 시간을 보낸다면 결코 기도할 시간을 낼 수가 없다. 아무런 생각 없이 늘 하던 습관들을 하루아침에 고칠

수는 없을 것이며 기도조차 의무적으로 여긴다면 오래 유지할 수가 없다. 그러므로 기도가 주는 평안과 기쁨이 TV나 컴퓨터가 주는 재미를 넘어서는 그날까지 끝없는 싸움을 벌어야 한다. 그것이 쉼 없는 기도의 습관을 들이는 데 3년 이상의 기간이 필요한 이유이다. 수많은 실패와 시행착오를 겪겠지만 포기하지 않고 다시 도전한다는 자세만 잊지 않는다면 이 싸움은 이기는 시합이다. 하나님이 도와주시기 때문이다.

여유시간이 난다면 텔레비전이나 인터넷을 통해 들어오는 각종 유혹에서 벗어나 조용한 방에 들어가 문을 닫아걸고 기도를 시작하는 습관을 들여라. 아무리 재미있는 드라마나 영화가 유혹하더라도 일단 기도를 시작해서 5분만 버티면 늘 이기게 된다.

'시간을 죽이는 것'이 TV나 컴퓨터만 있는 게 아니다. 어떤 이는 친구와 핸드폰 문자메시지를 주고받거나 시도 때도 없이 전화를 걸어 수다를 떨거나 살 것도 없는데 백화점이나 쇼핑몰에 습관처럼 가는 이도 있다. 어떤 사람은 시간만 나면 침대에 눕는 이도 있다. 피곤하거나 부족한 잠을 보충하는 것이 아니라 낮잠을 즐기는 것이 취미라면 이 역시 청소해야 할 항목이다. 허구한 날 인터넷 바둑이나 무협지로 밤을 새는 이들도 예외는 아니다. 어디 그뿐인가? 건전한 취미생활이 아니라 휴일만 되면 낚시터에서 살다시피 하고 등산이나 운동으로 알게 된 사람들과 사귀느라 휴일을 바치는 사람들도 예외는 아니다. '쉼 없는 기도'에 성공하려면 시간을 잡아먹는 이러한 행위들을 눈 딱 감고 단호하게 끊어야 한다. 성경에서 하나님은 질투의 하나님이시라고 자신을 소개한 것을 기억해 보자. 그러기에 기도할 시간이 없다고 손을 내두르면서 단지 즐거움을 위해 보내는 시간들은 아깝지 않다고 여긴다면 하나님의 도움은 기대하지도 말아야 할 것이다.

기도할 마음을 빼앗는 것들을 경계하라

시간이 없어서도 아니고 간절히 구해야 할 문제가 없어서 기도를 하지 않고 있는 것은 더욱 아니다. 단지 기도할 마음이 들지 않아서이다. 기도는 하고 싶은데 마음이 쓰레기장과 같아서 도저히 기도할 마음이 내키지 않는 것이다. 억지로 기도해 보지만 집중이 안 되고 잡념만 쏟아져 들어오는 것을 이미 경험해 보았을 것이다. 기도에 몰입하려면 마음이 하나님께로 활짝 열려야 가능하다. 그렇지만 아무리 기도하려고 애써도 굳게 닫힌 마음이 도저히 열리지 않는다면 기약 없는 시간을 보내며 문이 다시 열릴 때까지 무작정 기다리는 수밖에 없다.

기도를 방해하는 암적인 존재들은 걱정과 염려, 의심, 불안 등을 먼저 들 수 있다. 이러한 생각은 중독성이 강해 이미 들어오면 쫓아내는 것이 여간 힘든 것이 아니다. 걱정과 의심은 믿음의 상대적인 것이라 먼저 견고한 믿음을 쌓는 오랜 시간이 걸려야 할 것이다. 평소에 성경 말씀을 꾸준히 읽고 묵상하고, 성경적이고 감동을 주는 설교자의 설교를 즐겨 들으며, 쉬지 않는 기도로 깊은 하나님과의 교제를 맺어야 믿음이 견고해진다. 또한 세상의 환경이 주는 두려움과 발생할 확률이 거의 없는 쓸데없는 걱정과 염려라면 사탄이 틈을 타서 영향력을 미치고 있는 상태이다. 이럴 때는 성령님을 반복적으로 부르며 예수님의 이름으로 사탄의 존재를 쫓아내어야 한다. 하나님을 계속 찾으며 성령님의 도우심을 요청하면 쉽게 두려움과 걱정이 사라지기도 하지만 주변을 맴돌다가 다시 들어오는 경우도 적지 않다. 이럴 때는 시간이 오래 걸리더라도 반복적으로 하나님을 부르며 집중해서 성령님이 내주하시기를 거듭 요청해야 한다.

마음속에 분노가 가득 고여 있고 짜증으로 차 있을 때도 기도하기 어렵다. 눈을 감으면 강렬하게 생각을 사로잡고 있는 것들이 하나님께로 집중하기를 방해한다. 필자도 그런 때 마음을 다잡고 기도하려고 애써 보았지만 번번이 실패하곤 했다. 그래서 내린 결론이 분노나 짜증스러운 상황을 만들지 않는 것이라고 내렸다. 전에는 상대방의 태도나 말투에 불현듯 언성을 높이며 짜증은 곧잘 내곤 했지만 지금은 웬만해서는 그런 상황에 휩쓸리지 않으려 애쓴다. 짜증과 분노는 상대방을 자극시키며 걷잡을 수 없는 상황으로 증폭시키기 일쑤이다. 게다가 감정이 극도로 민감한 상황에서는 사소한 말 한마디라도 상대방에겐 깊은 상처를 입힐 수 있다. 예기치 않게 독설을 불쑥 내뱉어버렸다면 후회스럽지만 다시 담기에는 이미 늦었다. 용수철을 튕기듯이 볼썽사나운 언쟁을 주고받으며 평생 보지 않을 것처럼 걸쭉한 욕설이나 심지어는 폭력까지 등장할지 모른다. 그런 상황까지 번졌다면 적어도 하루나 이틀, 아니면 일주일 넘게 분노와 짜증으로 뒤범벅된 일상을 각오해야 한다. 게다가 일이 잘못된다면 오랫동안 괴로워하거나 민사상 형사상의 처벌을 받는 일도 생긴다. 기도는 꿈도 꾸지 못하고 고통과 번민 속에서 하나님의 평안을 즐기던 날들을 그리워하며 마음이 가라앉기를 마냥 기다려야 한다. 그러므로 분노와 짜증을 폭발할 상황이라도 가슴을 쓸어내리며 참고 견디어야 한다. 내키지 않더라도 상대방을 이해하려고 애쓰며 상대방의 입장에서 생각하며, 혹시라도 자신이 모르는 다른 이유를 찾는 습관을 길러야 한다. 이렇게 자존심을 꺾으며 먼저 손을 내미는 것이 쉽지 않겠지만 헝클어진 마음으로 화를 삭이며 맘이 가라앉기를 기약 없이 기다리는 고통보다는 낫다. 그래서 오래 참고 견디는 성품이 성령의 열매에 들어가 있는 이유이다.

양심에 걸리는 행위는 기도를 방해하는 주요한 요인 중의 하나이다. 그것들은 대부분 하나님이 싫어하시는 죄의 목록에 들어가 있으며 도덕적으로도 비난받는 행위들이다. 성경에서는 그런 행위들을 불의와 불법한 것이라고 밝히고 있다. 거짓, 뇌물, 불의한 청탁, 속임, 음란, 불륜 등으로 마음먹고 찾는다면 적지 않을 것이다. 이러한 행위는 어둠 속에서 은밀하게 벌어지겠지만 자신과 하나님만은 결코 속이지 못한다. 그래서 양심에 경고등이 켜지고 마음은 괴롭고 평안을 빼앗아 간다. 이런 마음의 상태에서 기도가 나올 리가 없다. 사람은 누구나 실수를 할 수 있고 살아가면서 시행착오를 겪을 수 있다. 그렇지만 잘못을 깨닫는 즉시 회개하고 마음을 돌이켜야 한다. 그리고 하나님과 사람에게 잘못을 고백하고 용서를 구해야 한다. 살을 저미는 비난과 함께 자존심이 상하고 명예가 곤두박질치는 고통의 시간들이 기다리고 있을 것이다. 그렇더라도 그 상황을 참고 견디며 그 시간들을 감내해야 한다. 그래야 평안을 주는 기도의 시간이 다시 찾아온다. 그렇지 않더라도 시간이 지나가면 과거의 잘못이 희미해지고 기억 속에서 아주 잊혀질 수 있다. 그렇지만 하나님은 결코 잊지 않으시는 분이다. 지난날의 잘못을 회개하고 용서를 구하지 않고 하나님의 응답을 바라는 것은 시간 낭비일 것이다.

　성품이 성실하고 견고한 믿음의 크리스천이라면 위의 방해요인들을 잘 알고 대처하고 있을 것이다. 그렇지만 성경에서 지적하지 않은 사소한 요인들일지라도 이들의 경계를 소홀히 해서 하나님과의 깊은 기도를 가로막는 것들도 있다. 그중의 하나는 피곤함이다. 새벽기도회에 가서 졸다 온 기억들은 흔한 일이다. 평소에 충분한 잠을 자지 못한다면 새벽기도는 또 다른 잠자리를 제공할 뿐이다. 기도는 투쟁심으로 하기보다 꾸준한 습관을 들여야 풍성한 열매가 맺힌다. 그러므로 빈번하고 깊은 기도의 습관을 들이려면 평소에 충분한 휴식을 취하고 잠을 자두어 늘 머리가 맑은 상태를 유지하는 것이 중요하다. 시간만 나면 텔레비전 드라마나 컴퓨터 게임에 몰두하는 사람이라면 머리는 늘 혼잡하고 육체는 언제나 피곤에 절어 있기 마련이다. 밤늦도록 회사 일로 파김치처럼 처져 있는 사람도 예외는 아니다. 깊고 친밀한 기도 시간을 위해 모든 에너지를 죄다 소모하도록 내버려 두어서는 안 된다. 틈틈이 충분한 잠과 휴식으로 언제나 머리가 맑은 상태를 유지하여야 쉼 없는 기도의 습관을 들일 수 있다. 또한 대다수의 크리스천은 술을 멀리한다고 하지만 적지 않은 교인들은 회사나 사업관계자들과 술자리를 피하지 못하고 있는 것이 현실이다. 적당한 술은 성경에서 금하지는 않지만 술을 과도하게 마시면 숙면을 방해하여 아침에 일어나도 몸은 피곤한 상태이다. 잠에서 깨어나도 약간의 알코올이 체내에 남아 있다면 머리를 멍하게 하기 때문에 깊은 기도를 방해한다. 이래저래 술은 크리스천이 경계하고 절제해야 하는 품목이다.

5.
쉼 없는 기도의 단계

　크리스천이라면 누구나 기도의 달인(達人)이 되기를 꿈꾼다. 예수님은 말할 것도 없고 바울과 베드로는 하나님의 능력으로 귀신을 쫓아내며 질병을 낫게 했고 심지어는 죽은 자를 살리기도 했다. 초대교회 시절에 복음전파의 주요한 도구는 이적과 기적으로 하나님의 능력을 보여 주는 것이었다. 그들의 능력은 하나님과 깊고 친밀한 기도에 있었음은 두말할 나위 없다. 그래서 우리는 삶에서 심각한 문제에 부딪치거나 간절히 소망하는 것이 있다면 새벽기도를 작정하거나 금식을 선포하며 하나님께 무작정 매달리기도 한다. 기도하면 어떤 문제라도 해결할 수 있다는 성경 말씀을 근거로 목회자가 강단에서 목청을 돋우는 말이기도 하다. 그렇지만 우리는 현장의 삶에서 기도하는 것마다 성경의 약속을 체험하지 못한다. 그 원인으로 믿음이 부족하거나 때가 되지 않아서라는 목회자의 어설픈 변명을 받아들이기에는 마음 한구석이 허전하다. 그래서 많은 세상 사람들이 교회에 의심의 눈초리를 보이는 것도 사실이다. 한마디로 말하자면, 기도의 응답이 없다는 신앙상태는 기도의 달인이 되지 못했다는 것과 다름이 없다. 그렇지만 교회는 기도를 열심히 하라고만 독려하지 기도의 달인이 되는 과정을 훈련시키거나 정확하게 가르쳐 주지 않는다. 어쩌면 정작 그들도 이에 대해 무지한지도 모를 일이다.

1) 초급단계

기도의 초급단계란 기도의 습관을 들이는 것이다. 아주 천천히 그렇지만 견고하게 하나님과 자신과의 친밀한 교제를 시작하는 것이 초급단계의 목표이다. 많은 사람들이 기도란 하나님으로부터 자신이 원하는 목록을 얻어 내는 것이라고 잘못 알고 있기에 응답도 없고 평안과 기쁨도 누리지 못한다. 기도란 하나님과 친밀하게 교제하는 것이라는 것을 잊어서는 안 된다. 그렇기에 하나님과 만나는 습관을 올바르게 들여야 한다. 쉼 없는 기도의 습관을 들이는 데는 적어도 3년 정도의 시간이 걸린다. 천천히 그리고 꾸준하게 습관을 들이는 첫걸음을 초급단계에서 이루어야 한다.

기도를 시작하면 언제나 성령의 내주하심을 요청하라

렘 29:13
너희가 전심으로 나를 찾고 찾으면 나를 만나리라

필자는 20여 년의 평신도 시절에 기도 습관을 들이지 못했다. 그 이유는 열심히 기도하라고만 가르쳤지 어떻게 기도해야 하는지 구체적으로 가르쳐 주는 이들이 없었기 때문이다. 그래서 목회자가 되고 사역을 시작하면서 성경적인 기도가 무엇인지 고민했고 그 방법대로만 걸어가기로 굳게 결심했다. 그리고 가장 먼저 시도한 기도가 위의 말씀대로 하나님을 찾는 것이었다. 즉 성령을 구하고 찾으면서 내 안에 모셔 드리는 기도를 하기로 결심했다. 그래서 무조건 하나님을 찾고 부르는 기도만을 계속했다. 하루에도 수백 번씩 하나님의 영이 내 안에 내주해 달라고 간절하게 부르짖었다. 적어도 6개월은 그렇게 했던 걸로 기억한다. 기도가 짧고 간결하므로 특별히 장소나 시간이 중요하지 않았다. 아무데서나 시간이 나면 마음속으로 성령이 내주하시기를 강력하게 요청했다. 그래서 지금도 성령이 충만한 상태인지 아닌지 잘 알게 되었으며, 기쁨과 평안이 사라지고 마음이 건조하고 냉랭한 상태가 되면 또다시 성령이 충만하기만을 요청하고 있다. 쉼 없는 기도에서 가장 중요한 자세는 집중하여 전심으로 그리고 간절하게 하나님을 부르며 성령이 오시기를 간구하여 성령의 인도하심을 받는 기도를 하는 것이다.

주기도문을 깊게 묵상하라

마 6:9~13

하늘에 계신 우리 아버지여 이름이 거룩히 여김을 받으시오며 나라가 임하시오며 뜻이 하늘에서 이루어진 것 같이 땅에서도 이루어지이다 오늘 우리에게 일용할 양식을 주시옵고 우리가 우리에게 죄 지은 자를 사하여 준 것 같이 우리 죄를 사하여 주시옵고 우

리를 시험에 들게 하지 마시옵고 다만 악에서 구하시옵소서

이 성경 말씀은 주기도문이라는 유명한 내용으로 암송하지 못하는 크리스천이 없을 정도로 잘 알려져 있다. 제자들이 예수께 어떻게 기도할 것을 물어보았을 때 대답하신 말씀으로 지금도 예배의 마침을 알리는 행사로써 즐겨 사용하고 있다. 예수님이 제자들에게 알려 준 기도 내용이라면 우리의 기도에도 철저하게 적용해야 되겠지만 안타깝게도 우리는 그렇게 하지 않는다. 예수님의 가르침보다 우리가 얻어 내야 할 목록이 더 시급하기 때문이다. 그렇지만 우리의 생각과 상관없이 주기도문은 우리가 배우고 실천해야 할 기도의 모본이다. 하나님이 기뻐하시는 뜻이 오롯이 함축되어 있기 때문이다.

주기도문은 크게 두 가지로 이루어져 있다. 하나님을 경배하는 내용과 우리의 필요이다. 먼저, 하나님을 찬양하며(9절), 성령이 내 안에 거하셔서 나를 통치하시고 하나님의 뜻이 이루어지는 내용이다(10절). 그다음으로 우리의 생존에 필요한 생계비의 요청(11절)과 죄의 용서(12절), 그리고 악으로부터의 구원(13절)이 뒤를 따른다. 주기도문의 첫 구성인, 하나님을 찬양하고 경배하며 성령이 우리 안에 내주하며 하나님의 뜻을 이루는 내용은 우리의 필요나 요구사항과는 아무 상관없이 하나님이 기뻐하시는 뜻으로만 이루어져 있다. 기도의 핵심은 이처럼 자신의 요구사항을 관철시키는 것이 아니라 하나님을 기쁘시게 하는 것이다. 그다음의 내용은 이 땅에서 우리가 필요한 내용이기는 하지만 이 역시 하나님이 중요하게 여기시는 관점은 우리의 생각과 다르다는 것을

확인시켜 준다. 예수님은 우리의 탐욕이 아니라 단지 생존에 필요한 생계비만을 요구하라고 하셨고, 죄로 얼룩진 우리에게 늘 하나님의 용서가 필요하며, 악한 무리가 우리 주변에 얼마나 많이 존재하고 공격하는지를 경고하고 하나님의 보호가 필요한지를 깨닫게 해 주신다. 두 번째의 내용조차 이 땅에서 우리가 살아가는 데 필요한 목록인 것만은 사실이지만 우리가 얻고 싶은 우선순위와는 다르다. 기도란 우리가 하나님께 떼를 써서 얻어 내는 행위가 아니라 하나님의 뜻을 깨닫고 그 뜻대로 행함으로 하나님께 기쁨을 드리는 행위이다. 그러므로 우리는 기도할 때마다 우리의 요구사항이 관철되기를 기도하는 것이 아니라 하나님의 뜻대로 기도하는 습관을 들여야 하며 그 중심에 주기도문이 자리하고 있다.

  필자의 기도순서는 조금씩 다르지만 큰 줄기는 예전이나 지금이나 똑같다. 기도를 방해하는 악한 영들을 쫓아내는 축출 기도와 죄의 고백과 회개 기도를 통해 기도집중이 깊어지면 성령의 내주를 간절히 요청하고 이어서 주기도문의 묵상에 들어간다. 묵상과 암송은 다르다. 암송은 단지 문자대로 외우는 것에 불과하다면 묵상은 그 단어 한 자, 한 자를 곰곰이 생각하며 곱씹고 되짚어 보면서 말씀 뒤에 숨은 하나님의 뜻을 깨닫는 것에 있다. 또한 성령이 내주한 상태에서의 묵상은 그냥 묵상하는 것과 사뭇 다르다. 성령이 하나님의 뜻을 가르쳐 주시고 깊은 깨달음을 주시기 때문이다. 필자는 기도할 때마다 주기도문의 묵상을 빼놓지 않고 있지만 언제나 새로운 깨달음과 기쁨을 얻는다. 같은 내용이라도 느낌이 다른 이유는 자신의 신앙상태나 처해 있는 환경이나 상황이 다르기 때문에 받아들이는 것이 차이가 있기 때문이다. 어쨌든 주기도문의 묵상은 성령의 내주하심과 더불어 쉼 없는 기도를 습관으로 들이는 초급단계에서 필수적으로 배워야 하는 자세이다. 응답이 오는 기도의 특징은 자신이 원하는 기도를 하는 것이 아니라 하나님이 기뻐하시는 기도를 하는 것에 달려 있다. 하나님은 우리가 말로 해야 듣는 분이 아니다. 기도하기 전에 이미 우리의 필요를 알고 계신다. 그러므로 하나님의 뜻을 좇아 기쁘시게 하는 것에 초점을 맞춘다면 새로운 영적인 능력을 얻게 될 것이다. 쉼 없는 기도를 습관으로 들여야 하는 이유도 하나님의 능력을 받아 삶에 적용하는 통로를 얻는 것이기 때문이다. 그 중심에 주기도문의 묵상과 깨달음이 있다.

규칙적인 기도 습관을 들이라

크리스천은 두 부류가 있다. 적은 시간이나마 규칙적으로 기도하는 사람과 그렇지 않은 사람이다. 새벽기도회를 정기적으로 출석한다면 전자이겠지만 금식기도의 기간과 횟수를 자랑하지만 규칙적인 기도 시간이 없다면 후자일 것이다. 기도란 하나님과의 호흡이다. 호흡은 언제나 해야 하는 것이지 특별한 이유가 있을 때만 하는 게 아니다. 호흡을 하지 않는다면 죽은 목숨과 다름없지만 정작 우리는 호흡의 중요성을 물에 빠졌을 때만 깨닫는다. 그렇기에 규칙적인 기도가 몸에 밴 사람은 영적인 사람이겠지만 그렇지 않은 사람은 육적일 수밖에 없다.

우리는 기도의 중요성을 알고는 있지만 기도를 습관 들이는 일을 어려워하고 있는 것도 사실이다. 그래서 필자는 독자들이 쉼 없는 기도라는 말을 대했을 때 느끼는 당혹감과 어지러움(?)을 이해한다. 필자 역시 평신도 시절 오랫동안 규칙적인 기도 습관이 없이 살아왔기 때문이다. 그래서 쉽 없는 기도의 초급단계는 기도 습관을 들이는 것에 초점을 두어야 한다. 가장 먼저 시도해야 할 기도 시간은 아침 이른 시간이나 잠자리에 들기 전의 방해받지 않는 시간을 먼저 정하는 것이다. 12시가 넘겨 잠을 잔다면 새벽에 억지로 깨더라도 정신이 혼미하고 졸려서 기도를 제대로 못할 것이 분명하다. 설령 기도를 시도하였더라도 잠이 부족한 상태의 사회생활은 오래 지속하기 곤란하다. 집에서 기도하는 것은 교회에서 기도하는 것보다 단단한 결심을 해야 할 것이다. 지켜보는 이가 없기 때문에 빼먹더라도 누가 질책하지 않는다. 개중에는 새벽에 잠이 많고 밤에 잠이 없는 이들도 있다. 이들은 밤늦게 기도하는 방법이 더 나을 것이다. 매일 교회에서 자정을 넘겨 기도하기가 쉽지 않으므로 집에서 기도하는 방법이 더 현실적이다.

초급단계에서는 하루에 약 1시간 이상 기도를 하는 것을 습관으로 들이는 것을 목표로 한다. 기도하는 내용은 충분한 시간을 가지고 성령의 내주하심을 위해 하나님의 이름을 간절히 부르는 게 가장 중요하고 더불어 찬양과 감사, 회개가 이어진다. 그리고 나서 기도에 집중이 되면 주기도문을 천천히 음미하며 묵상한다. 그리고 마지막에는 자신이 소원하는 간구로 마무리를 하는 것이다. 초급단계는 효율적인 기도 내용보다는 규칙적인 습관을 들이는 데 초점을 맞추며, 기도 내용도 성령이 내주하시고 충만하시기를 요청하는 기도와 주기도문의 묵상만 해도 시간이 금방 지나갈 것이다.

매일 하루에 1시간 이상씩 기도하는 것을 목표로 삼아야 한다. 처음부터 너무 과도하게 무리한 목표를 세우면 심적인 부담을 주고 실패하면 좌절감과 낭패감으로 중도에 포기하기 쉽다. 또한 낮에 틈이 나면 하나님을 마음속으로 간절히 찾고 부르는 훈련을 계속해야 한다. 쉼 없는 기도의 목표는 언제나 성령으로 충만하게 채우는 것이다. 낮에는 깊은 기도는 못하더라도 짧고 반복적으로 하나님을 떠올리며 찬양하고 감사하며 하나님의 이름을 부르는 기도를 시도할 수 있다. 필자는 쉼 없는 기도 훈련의 처음 6개월간은 하나님의 이름을 간절히 부르는 것만 매일 수백 번씩 반복하였으며 방해받지 않은 기도 시간에도 대부분 성령의 내주와 충만을 간구하는 것으로 채웠다. 성령이 내주하시는 평안과 기쁨을 안다면 쉼 없는 기도의 절반은 넘은 셈이다.

2) 중급단계

기도훈련을 시작해서 약 6개월 정도 지나면 나름대로 기도에 대한 관성이 붙고 기도 습관이 어느 정도 형성되고 있다는 느낌이 들 것이다. 그렇지만 하루 1시간 정도로는 턱없이 부족하다. 그러므로 가속도가 붙었다고 생각하면 기도 시간을 2시간 이상으로 늘려야 한다. 중급단계는 초급단계 이후 약 1년 정도의 기간이며 이 기간에는 기도 시간을 늘리고 집중력을 더해서 형식과 내용에 중량감을 싣는 데 있다. 만약 새벽기도를 하고 있다면 30분에서 1시간으로 늘이거나 아니면 잠자기 전에 1시간 기도하는 것을 새롭게 시작하는 것도 좋다. 30분 정도의 기도는 하나님을 찾고 부르며 찬양하고 주기도문을 비롯한 성경의 기도문들을 묵상하며 자신의 기도목록을 간구하다 보면 금방 지나갈 것이다. 그러므로 더 깊고 오래 찬양을 하고 말씀 묵상을 하려면 1시간 정도 기도 시간을 내야 한다. 기도하는 데 시간을 더 낸다는 것은 다른 시간을 줄여야 한다는 것을 의미한다. 그렇다면 지금까지 해 온 생활습관을 바꾸어야 한다. 새벽에 맑은 정신으로 기도하고 싶다면 11시 이전에는 잠자리에 들어야 한다. 그것은 밤늦게 TV나 영화를 보거나 인터넷을 돌아다니던 이전의 삶의 습관을 바꾸어야 가능한 일이다.

중급단계는 초급단계보다 기도 시간을 두 배로 늘리며 습관적으로 기도하는 것에 삶의 우선순위를 두는 기간으로 약 1년~1년 6개월 정도 소요된다. 이 단계에서는 방해받지 않은 조용한 시간에 아침, 저녁으로 1시간 이상씩 집중력 있게 기도하는 것을 몸에 배게 해야 하며 낮에도 틈나는 대로 기도를 시도하여야 한다.

낮에 기도하는 형태는 두 가지 유형이 있다. 첫째는 길지 않지만 생활 속에서 기도하는 것이다. 예전에 필자가 십여 년의 기도훈련 동안에는 기차나 자동차로 여행하는 중이거나, 누구를 기다리거나, 휴식을 취하는 등의 시간이 나면 재빨리 수영용 귀마개를 착용하여 주변의 소음을 차단하고 기도를 시도하곤 한다. 기차나 자동차를 타고 여행을 할 때 주변이 환해 집중하기 어려우면 수면용 눈가리개를 사용하기도 한다. 물론 처음에는 어색하고 타인의 시선에 신경이 쓰여 집중하기 힘들겠지만 오래 하다 보면 자연스럽게 될 것이다. 두 번째는 비교적 느슨한 생활 속에서의 기도이다. 오랫동안 운전을 하다 보면 기능이 숙련되어 운전하면서 마음속으로 짧은 기도를 하거나 찬양과 성령님의 내주 요청 등은 얼마든지 가능하다. 이는 산책을 하거나 이동할 때도 마찬가지이다. 눈을 뜨고 귀를 열어 두면서도 마음속으로 짧은 기도와 찬양 등을 반복할 수 있다. 간구와 다르게 찬양이나 하나님의 내주를 요청하는 기도는 싫증이 나지 않으며 기쁨과 평안으로 채워진다. 그래서 필자는 기도집중이 되지 않으며 졸릴 때는 아예 하나님을 찬양하거나 성령 충만을 집중적으로 기도하곤 한다. 이렇게 중급단계에서는 새벽이나 늦은 밤에 집이나 교회 등 방해받지 않은 장소에서 집중적으로 기도하는 습관을 기르면서 낮 시간에도 자주 기도를 시도하는 습관을 들이는 것이 목표이다.

바울의 기도문을 묵상하라

골 1:9~12

이로써 우리도 듣던 날부터 너희를 위하여 기도하기를 그치지 아니하고 구하노니 너희로 하여금 모든 신령한 지혜와 총명에 하나님의 뜻을 아는 것으로 채우게 하시고 주께 합당하게 행하여 범사에 기쁘시게 하고 모든 선한 일에 열매를 맺게 하시며 하나님을 아는 것에 자라게 하시고 그의 영광의 힘을 따라 모든 능력으로 능하게 하시며 기쁨으로 모든 견딤과 오래 참음에 이르게 하시고 우리로 하여금 빛 가운데서 성도의 기업의 부분을 얻기에 합당하게 하신 아버지께 감사하게 하시기를 원하노라

엡 3:16~19

그의 영광의 풍성함을 따라 그의 성령으로 말미암아 너희 속사람
을 능력으로 강건하게 하시오며 믿음으로 말미암아 그리스도께서
너희 마음에 계시게 하시옵고 너희가 사랑 가운데서 뿌리가 박히
고 터가 굳어져서 능히 모든 성도와 함께 지식에 넘치는 그리스도
의 사랑을 알고 그 너비와 길이와 높이와 깊이가 어떠함을 깨달아
하나님의 모든 충만하신 것으로 너희에게 충만하게 하시기를 구
하노라

엡 1:17~19

우리 주 예수 그리스도의 하나님, 영광의 아버지께서 지혜와 계시
의 영을 너희에게 주사 하나님을 알게 하시고 너희 마음의 눈을 밝
히사 그의 부르심의 소망이 무엇이며 성도 안에서 그 기업의 영광
의 풍성함이 무엇이며 그의 힘의 위력으로 역사하심을 따라 믿는
우리에게 베푸신 능력의 지극히 크심이 어떠한 것을 너희로 알게
하시기를 구하노라

가톨릭 교회에서는 성도들이 묵상할 기도문을 책자로 만들어 이를 읽
어 가며 기도하는 것을 볼 수 있다. 책자로 만들어진 기도문은 다양한 상
황에 맞게 내용이 잘 짜여 있어 중언부언하거나 탐욕으로 흐르는 기도를
미연에 방지할 수 있다. 기도훈련이 충분히 되어 있지 않은 상태에서 기
도 책자를 따라 읽어 내려가는 기도방식이 효과가 전혀 없는 것은 아니
다. 개신교 교인들이 기도는 열심히 하지만 하나님이 기뻐하시는 기도

를 하기보다 자신의 욕심을 채우는 기도가 적지 않은 이유도 교회에서 기도훈련을 하지 않아서이다. 그래서 기도를 시작하기가 무섭게 자신이 얻어 내고 싶은 목록만을 큰 소리로 반복해서 기도하는 모습은 기도의 참뜻을 모르고 있음을 드러내기에 참 안타깝다. 하나님은 우리가 입으로 소리 내어 말해야 알아들으시는 분이 아니다. 기도하기 전에 이미 우리의 필요를 잘 알고 계신다. 기도란 우리의 요구사항을 드러내는 행위가 아니라 하나님과의 관계를 확인하는 시간이다. 그러므로 기도문을 읽는 기도는 종교적인 기도행위로 변질되기 싶다. 주기도문이나 바울이나 시편의 기도문을 묵상하는 것과 기도문을 읽어 내려가는 것은 판이하게 다르다. 예수님이나 성경 위인들의 기도문을 묵상할 때는 그 뜻을 깊이 음미하면서 성령의 깨달음을 구하면서 하는 기도인 데 반해, 기도문을 건조하게 읽어 내려가는 것은 전심으로 기도할 수 없으며 깊이 묵상하기 어렵다. 그러므로 기도문을 읽어 내려간다든가, 누군가가 기도문을 읽는 것을 듣는 행위는 전심으로 기도하는 성경의 방식과 위배된다. 기도란 하나님의 영과 내 영혼이 교제하는 통로이다. 그러므로 기도하는 내용에 집중하여야 한다. 그러므로 기도문을 읽는 방식은 성령과 깊고 친밀하게 교제하는 기도의 습관을 들이는 것을 방해할 수 있다.

앞에서도 언급한 바 있지만 필자의 기도순서는 맨 처음 기도집중을 방해하는 악한 영을 쫓아내고 죄를 고백하고 회개하는 기도 후에는 하나님의 영이 내주하시기를 하나님의 이름을 부르며 간절히 구하다가 성령 충만한 느낌이 서서히 들면 곧바로 주기도문을 찬찬히 묵상한다. 주기도문 묵상이 끝나면 곧바로 바울의 기도문을 암송한다. 특히 골로새서의 기도문은 필자가 즐겨 암송하는 기도문이다. 물론 에베소서의 기도문도 같은 맥락으로 되어 있어 문장을 틀리지 않게 암송하기보다 기도문의 내용들을 집중적으로 묵상하는 데 주안점을 두고 있다. 그래서 골로새서와 에베소서의 기도문을 따로 떼지 않고 한꺼번에 깊이 묵상하며 기도하기도 한다. 필자가 바울의 기도문을 특별히 아끼는 이유는 주기도문을 제외하고 이보다 더 좋은 기도문이 없다고 생각해서이다. 바울의 기도문은 언제나 하나님이 기뻐하시는 뜻에 초점이 맞추어져 있다. 그래서 이 기도문을 암송한다면 하나님의 뜻에 가장 가까운 기도를 드릴 수 있다. 여하튼 필자는 방해받지 않고 기도하는 시간이면 언제나 주기도문과 바울의 기도문을 깊게 묵상하며 기도한다. 이 기도문만 묵상해도 30분이 금방 지나간다. 그런 다음에는 필자의 상황과 필요에 따라 간구하거나 중보기도를 시작한다. 이렇게 하면 1시간은 기본이며 2~3시간 이상도 어렵지 않게 기도에 깊게 빠져들 수 있다. 중요한 것은, 내 욕심을 채우는 기도가 아니라 하나님이 기뻐하시는 기도 내용으로 채워야 하겠고 늘 하나님의 영이 충만한 상태에서 기도하는 습관을 들여야 한다는 것에 있다.

삶의 현장에서 기도가 차지하는 비중을 높여라

초급단계가 기도 습관을 시작하는 단계라면 중급단계는 삶에서 기도의 비중을 높이는 단계이다. 초급단계는 기도행위 없이 살다가 새로운 습관을 몸에 배게 하는 것에 초점을 맞춘다면 중급단계는 일상의 삶에서 기도 습관을 뿌리내리는 것에 있다. 기도 습관을 들이는 것이 어려운 이유는 기존의 삶에 변화를 받아들여야 하기 때문이다. 새벽기도를 시작하려면 잠자리를 박차고 일어나야 하며 밤늦게 기도하려면 TV나 인터넷 게임 등 평소에 즐기던 것들을 다 접어야 한다는 것을 의미한다. 육체가 선호하던 것에서 영적인 것으로 대체하려면 영적인 행위에서 그만한 보상을 얻어야 되겠지만 중급단계에서는 하나님과 만나는 평안과 기쁨이 몸에 배어 있지 않은 상태라 자신의 노력과 의지만으로 지탱해야하기에 어렵다. 나중에 쉼 없는 기도 습관이 몸에 붙어 하나님이 주시는 영적인 열매를 맛본다면 그동안 탐닉했던 세상의 것들이 싫어져서 거들떠보지도 않겠지만 그때까지 올라가는 게 힘들고 어려운 법이다. 특히 쉼 없는 기도는 교회에서의 새벽기도회나 심야 기도회에 참석하는 것처럼 행위 중심이 아니기 때문에 더욱 만만치 않다. 지켜보거나 감독하는 사람이 없으며 정해진 프로그램에 참여하는 것이 아니기에 그렇다. 그렇지만 습관으로 몸에 밴다면 이를 없애는 것은 불가능할 정도이다. 세상의 어떤 것보다 하나님과의 깊은 교제에서 얻어지는 기쁨과 평안을 포기한다는 것은 상상할 수가 없기 때문이다.

필자도 쉼 없는 기도를 위해 평소에 좋아하던 것들을 내려놓는 것은 참으로 어려운 일이었다. 그렇지만 무턱대고 억지로 떠밀지 않았다. 자신이 지탱할 수 없는 금욕적인 삶은 부작용도 심하지만 삶의 의욕도 떨어지기에 오래 지속할 수 없다. 예를 들어, 필자는 취미로 가끔 근교에 낚시를 가곤 했는데 밤을 새지는 않지만 밤늦게까지 하고 돌아오면 피곤해서 기도에 집중하기 힘들었다. 그렇지만 평소에 좋아하던 낚시를 억지로 그만두려고 하지 않았다. 삶이 무미건조해지며 꽉꽉해지는 게 싫었다. 그렇지만 시간이 갈수록 기도하는 시간이 즐거워지면서 자연스레 낚시를 끊게 되었다. 술을 좋아하는 사람이라면 기도 습관을 들이는 게 큰 문제일 것이다. 술은 크리스천에게 터부시되어 있어 술 마신다는 사실을 입 밖에 내지 않지만 술을 즐기는 이들이 적지 않다. 기도에 집중하려면 약간이라도 술에 취한 상태라면 곤란하다. 그렇다고 억지로 끊으려 한다면 부작용도 심하고 자칫하면 아예 기도훈련을 포기하기 십상이다. 그러므로 술 문제를 놓고 고민하기보다 일단 덮어 두고 한쪽으로 밀어 놓기를 바란다. 시간을 가지고 서서히 기도 생활에 비중을 높이다 보면 언젠가는 술이 싫어지는 날이 온다. 경험하지 못한 사람은 믿기지 않겠지만, 성령이 내주하시는 평안과 기쁨을 느낄수록 술이 주는 즐거움은 비교도 되지 않는다는 사실을 알게 된다. 그러므로 인위적으로 술을 끊으려 하기보다 기도에 박차를 가하는 것이 더욱 효과적이고 지혜로운 방법이다.

기도에 시간을 많이 내면 예기치 않게 여러 가지 문제가 발생하기도 했다. 필자는 아내와 대화도 자주 하고 함께 있는 시간도 즐기는 편이다. 그렇지만 기도에 집중하느라 대화와 말수를 줄이자 불만이 늘어 갔다. 그때 아내가 자신의 신앙상태와 비교해서 느끼는 열등감(?)도 이에 한몫을 거들었지 않았나 싶다. 필자 역시 새로운 변화에 적응하느라 스트레스를 적지 않게 받고 있었고 효과나 결과에 대한 불확실성 때문에 노심초사하고 있었던 터라 아내의 시니컬한 말투에 민감하게 반응하기도 하였다. 시행착오를 겪으면서 언제나 느끼는 것은 지혜롭게 시행하는 자세가 중요하다는 것이다. 기도하는 것도 중요하지만 행복한 가정생활과 더불어 부부간의 다정한 관계에도 문제가 없도록 서서히 지혜롭게 대처해 나가야 한다는 사실도 새롭게 깨달았다. 또한 기도 시간을 늘리다 보면 자신도 모르게 자기 의와 교만도 생기게 마련이다. 기도를 많이 한다고 정비례해서 영적인 능력이 생기지도 않고 하나님의 은혜를 독차지하는 것도 아니다. 희생적인 신앙 행위도 필요하지만 그 전에 하나님이 기뻐하시는 자격과 성품, 자세를 갖추는 것이 중요하다. 중급단계에서는 지금까지 유지해 온 안정적인 신앙생활에 급격한 변화에 따른 부작용과 불안감, 가족들의 반발 등의 새로운 문제에 대해 긍정적이고 지혜롭게 대처해 나가야 한다. 크리스천에게 있어 기도란 단기간에 끝내는 의무사항이 아니라 평생 몸에 붙이고 살아야 하기에 단계적인 변화를 추구하고 소프트 랜딩할 수 있도록 서서히 받아들여야 할 것이다.

3) 고급단계

평생 수많은 군중들이 보는 데서 공을 차는 축구선수는 경기에 집중하는 능력이 대단하다. 그러나 월드컵 경기처럼 엄청난 수의 관중에 둘러싸이면 그들도 경기에 집중하는 게 쉽지 않다. 어린 소년 시절부터 줄곧 축구밖에 모르며 경기장에서 청춘을 바친 그들이지만, 수만 관중의 환호성이 우레처럼 귀에 웅웅거리는 월드컵 경기장에 들어서면 극도의 긴장감으로 다리가 후들거리고 아무런 생각도 나지 않는다고 한다. 그래서 그들보다 한발 먼저 걸어온 대선배들은 후배들의 등을 토닥거리며 경기를 즐기라는 말로 해결책을 제시한다. 극도의 긴장감을 진정으로 즐기는 경지에 오를 때에 비로소 위대한 선수가 될 수 있다고 한다.

쉼 없는 기도의 고급단계란 무엇일까? 초급단계는 기도 습관을 시작하는 것이고 중급단계는 기도에 무게감을 더해 삶에 정착시키는 단계이다. 고급단계는 중급단계보다 더 많은 기도를 하는 과정이 아니라 기도가 밥 먹고 숨 쉬는 것처럼 자연스럽게 몸에 배게 하는 단계이다. 필자가 경험한 바로는 이 단계는 약 1년의 시간이 소요되며 이 과정을 지나면 기도행위가 의무감으로 하는 것이 아니라 기도가 좋아서 하게 되며 참 평안과 기쁨을 누리게 되기에 그 무엇보다 기도의 삶을 즐기게 된다. 기도를 즐기는 삶이 될 때 비로소 쉼 없는 기도의 전 과정을 마쳤다고 볼 수 있다. 기도가 삶의 일부가 되어 자연스레 기도의 느낌을 즐기게 되는 날로 삶을 채운다면 우리가 그토록 흠모하고 바라던 신앙의 위인들이 걸어간 길을 따라 걷고 있는 자신을 발견할 수 있을 것이다.

기도행위가 아니라 기도의 열매를 맛보라

우리는 기도를 하나님께 드려야 하는 희생 행위로 알기에 금욕적인 마음과 전투적인 자세로 보이기를 애쓴다. 그래서 졸린 눈을 비비며 새벽에 일어나거나 졸음을 쫓아내며 밤을 새우거나 기도원에서 여러 날 주린 배를 움켜쥐고 금식기도라도 한다면 응답이 빨리 오고 더욱 효험이 있을 것이라고 생각한다. 그래서 많은 사람들은 기도를 삶의 습관으로 들이지 못하고 있다. 직장과 사업장을 오가며 먹고살기도 바쁜데 틈만 나면 기도하러 교회를 쫓아다닐 시간도 없고 새벽 4시에 일어나 기도회에 참석하는 것도 불가능하다고 여긴다. 이들은 기도행위가 마치 전투적인 용맹함과 투사의 자세를 가지고 있어야 가능하다고 생각하기에 기도를 삶에 적용할 꿈도 꾸지 못한다.

요 14:27

평안을 너희에게 끼치노니 곧 나의 평안을 너희에게 주노라 내가
너희에게 주는 것은 세상이 주는 것과 같지 아니하니라 너희는 마
음에 근심하지도 말고 두려워하지도 말라

우리가 알고 있듯이 기도란 하나님께 드리는 신앙인의 의무라기보다
하나님과 만나고 교제하는 통로이다. 하나님을 만나 친밀한 교제를 나
누게 되면 하나님으로부터 잔잔한 평안과 샘솟는 기쁨을 얻게 된다. 그
렇지만 이러한 느낌은 전투적인 자세나 탐욕적인 기도목록을 나열하는
기도행위에서는 알 수 없다. 응답을 받기 위한 기도가 아니라 하나님을
만나는 것이 그저 좋아서 틈만 나면 하나님을 부르고 성령의 내주하심
을 요청하고 하나님의 영이 충만한 상태를 즐기는 기도가 되어야 한다.
물론 적지 않은 시간이 필요하겠지만 하나님의 영이 내주하시는 기도의
증거는 평안이 임하는 것이다. 그 평안과 즐거움을 제대로 안다면 세상
의 다른 기쁨으로 대체할 수 없다. 하나님이 주시는 평안과 기쁨은 조건
과 부작용이 없으며 언제 어디서나 만끽할 수 있기에 말이다.

필자는 아침에 일어나서 2시간, 잠자리에 들기 전에 2시간 정도 정해
놓고 기도를 하는 것 이외에는 언제든지 장소와 시간이 허락하는 대로
기도를 시도한다. 지금은 사역이 열려서 기도하는 환경이 달라졌지만,
예전에 필자는 장사를 하러 다녔기 때문에 장소를 불문하고 기도했다.
그곳이 백화점 소파든지, 공원의 벤치든지, 기차의 좌석이든지 가리지
않는다. 집이나 교회를 제외하고 가장 많이 하는 곳은 자동차 안이었다.

차를 타고 이동하는 일이 많아서 그런지 차 안에서 기도하는 것에 익숙하다. 이는 누가 시켜서도 할 수 없으며 의무적으로 하는 것도 아니다. 단지 기도하는 게 좋아서 하는 것이다. 좀 더 정확하게 말하자면 기도를 통해 하나님과의 교제에서 느끼는 평안과 기쁨을 자주 즐기고 싶어 하는 것이다.

이것이 쉼 없는 기도를 하게 만드는 원천이며 평생 기도의 삶을 살게 해 주는 원동력이다. 고급단계는 이 단계를 깨닫고 누리게 하는 과정이다. 기도행위가 노동이나 의무가 아니라 즐거운 놀이처럼 가깝게 느껴질 때 비로소 쉼 없는 기도의 습관을 들일 수 있기 때문이다.

자신이 원하는 기도가 아니라 성령에 이끌리는 기도를 하라

요 3:8
바람이 임의로 불매 네가 그 소리는 들어도 어디서 와서 어디로 가
는지 알지 못하나니 성령으로 난 사람도 다 그러하니라

로켓을 발사하려면 강력한 폭약이 들어 있는 추진체가 폭발하여 대기권 밖으로 쏘아 보내 주어야 한다. 그다음에는 무중력상태의 우주에서 관성으로 운동하기에 많은 동력이 필요 없다. 마치 독수리가 바람에 몸을 맡긴 채 창공을 유유히 날고 있는 것과 같다. 자신의 힘을 빼고 온전히 자연의 흐름에 맡길 때에만 이런 현상이 가능하다. 기도할 때는 누구나 성령 충만을 원하고 있지만 정작 기도에 몰입하면 성령의 인도하심

을 따라 기도하는 사람은 별로 없다. 자신의 기도목록만을 큰 소리로 열거하며 응답받기를 소원하고 있다. 그래서 필자는 기도 내용만 들어보아도 신앙 수준을 금방 알 수 있다고 생각한다. 기도의 달인은 자신의 기도가 아니라 성령의 이끄시는 기도를 하는 사람이기 때문이다.

성령에 이끌리는 기도를 하는 것은 쉽지 않다. 평소에 성령 충만한 상태를 유지하고 있어야 하며 기도를 방해하는 것들을 물리치고 기도가 막히게 하는 것들을 피해야 한다. 늘 하나님께 민감하여 세미한 음성을 들으며 하나님의 뜻에 합당하게 살려고 애써야 가능하다. 그 결과로 나타나는 것이 성령이 이끄시는 기도이다. 필자는 하루에 평균 5시간가량 기도하고 있으며 하루에도 몇 번씩 기도를 시도하고 기도할 때마다 성령에 이끌리는 기도를 갈망한다. 성령에 이끌리는 기도는 기도를 시작하면 무언가에 빨려 들어가는 느낌을 받는다. 쏴~ 하는 내적인 울림과 함께 몸과 정신이 분리된 느낌이 들며 마치 공중에 떠다니는 기분이 들기도 한다. 이때는 자신의 의지로 기도하는 것이 아니라 성령의 인도하심에 의해 기도가 끊임없이 흘러간다. 오랜 시간도 짧다는 느낌이다. 이때가 기도에 최고조로 집중된 상태이다. 이런 상태에 들어서면 자신이 평소에 생각하지도 못했던 내용의 기도를 하게 된다. 필자는 주로 이런 상태에서 성경의 깊은 깨달음을 많이 얻을 수 있었다.

쉼 없는 기도의 최종목표는 성령이 이끄시는 기도의 습관을 들이는 데 있다. 이러한 상태는 사람마다 상태나 느낌이 다르겠지만 분명한 것은 자신의 의지가 아니라 성령이 원하시는 기도를 하는 데 있다. 그러므로 기도를 시작하면 성령이 내주함을 기다리면서 간절히 요청하여야 하겠고 일상의 삶에서 성령이 소멸되지 않도록 주의하며 영적인 상태에 민감한 삶을 살아야 한다. 성령이 이끄시는 사람은 성령의 사람이 되어 하나님이 요긴하게 사용하는 도구의 삶을 살게 된다. 크리스천이라면 누구나 바라는 삶이 아닌가? 그렇지만 단지 소원이 아니라 삶의 현장에서 하나님과 깊이 교제하며 하나님과 친밀한 대화를 나눌 수 있는 상태를 유지하여야 가능하다. 그 증거가 성령에 이끌리는 기도인 셈이다.

기도를 삶의 최우선에 두어라

드라마에 빠진 사람은 방송시간이 되면 일에 손이 잡히지 않는다. 이 시간이 가까워지면 밖에 나와서도 일을 제쳐 두고 집으로 재촉하는 발걸음이 바쁘다. 설거지 그릇들이 싱크대에 쌓여도 아랑곳없고 반가운 전화도 귀찮기만 하다. 리모콘을 독점하고 가족들의 다른 채널 시청은 엄격히 금지된다. 이웃이나 친구를 만나도 어제 본 드라마에 대한 논평이 대화의 대부분을 차지한다. 연속극이란 게 그렇듯이, 끝을 궁금하게 만들어 계속 보게 하는 데 초점이 맞추어져 있다. 이렇게 드라마에 빠져 지내는 사람은 삶의 최우선순위가 TV 보는 맛에 있는 셈이다. 낚시에 빠진 중년들은 주말이면 아예 낚시터에 살다시피 한다. 날씨가 안 좋아 집에 있는 날이면 유선방송의 낚시채널을 시청하며 낚시하는 것을 대신한다. 예전에 못 말리는 낚시꾼으로부터 들은 얘긴데, 얼음이 얼어 낚시를 가지 못하는 겨울이면 세탁기에 물을 채워 넣고 찌를 올려 가며 서운함을 달랜 적도 있단다. 그는 잘나가던 대기업 연구소를 중도에 퇴직하고 지금은 시골의 유료 낚시터 주인이 되었다. 평생 낚시하며 살게 되었으니 바라던 소원(?)을 이루었다고나 할까.

쉼 없는 기도의 최고단계는 어떤 모습일까? 그것은 삶의 최우선순위에 기도를 두는 것이다. 기도가 단지 신앙인의 의무감에서 나오는 게 아니라 하나님을 만나는 기쁨과 평안을 잊지 못해 틈만 나면 하나님을 찾는 것이다. 평소에 술을 즐기는 사람이라면 당연히 집중력을 방해하는 술을 줄이다가 아예 끊게 될 것이고 등산이나 낚시, 인터넷 게임, TV 드라마 등 평소에 즐기던 것들을 점차 멀리하다가 작별을 고하게 될 것이다. 과식하면 집중력을 방해하기에 식사를 할 때도 가능한 적게 먹으려 애쓰고 잠을 적게 자거나 피곤하면 기도할 때 졸리기에 충분한 휴식으로 최상의 컨디션을 유지하려고 노력한다. 친구들과의 잦은 만남이나 인터넷 채팅, 전화나 문자로 수다를 떠는 일들이 현저하게 줄어들고 심지어는 가족들과의 대화도 내용이 없다면 점차 줄어진다. 그리고 틈만 나면 방해받지 않는 자신만의 공간을 찾아 들어가 하나님과의 깊은 교제를 시도한다. 세상의 좋아하던 것들도 심드렁해지고 친하던 사람들도 예전만 못하다. 가장 즐기는 대상이 하나님으로 바뀐 것이다.

그렇지만 그게 가능할까? 이런 얘기는 설교 때 늘 들어 왔던 비슷한 주제들이 아닌가? 눈만 뜨면 보이고 귀에 들리는 세상과 세상의 즐기던 것에게서 영적인 세계로 찾아 들어가 하나님을 만나는 시간을 즐기는 현상이 가능할까? 수도원이나 기도원에서 사는 것이 아니고 시끄럽고 번잡한 현장의 삶에서 직업을 가지고 가정을 이루며 수많은 사람들과 부대끼며 살아가면서 그게 도대체 가능한 일인가? 물론 쉬운 일은 아니지만 불가능한 일도 아니다. 세상을 바라보는 관심을 하나님으로 돌리고 세속적인 삶에서 영적인 삶으로 변화할 때 가능하다. 이제 필자는 그 길을 건너왔기에 자신 있게 말할 수 있다. 필자 역시 예전에는 세속적인 사람이었지만 이제는 많이 변했다. 아직도 멀었지만 예전의 필자를 비교해 보면 많은 변화가 있었다. 그렇게까지 되기에는 적지 않은 시행착오와 힘든 시절이 있었지만 절망하거나 포기할 정도는 아니다. 이는 자신의 의지나 능력으로 하는 것이 아니라 성령의 도우심과 하나님의 능력을 공급받는 것이기에 그렇다. 쉼 없는 기도의 고급단계는 우리가 지금까지 알지 못했던 영적인 세계에 들어가는 관문이다. 그곳은 이 땅에서 얻은 지식과 경험이 더 이상 효력을 발휘하지 못하는 전혀 다른 세상이다. 그곳에 들어서면 그토록 놀라웠던 이적과 기적의 일들이 조용히 그리고 자연스레 일어난다. 그곳은 하나님이 다스리시는 새로운 영역이기 때문이다. 그곳을 경험하는 일들은 말로 해서 알 수 없다. 이미 믿음의 위인들이 성경에서 자신의 경험을 말해 왔지만 스스로 겪기 전까지는 확신을 유보할 수밖에 없다.

쉼 없는 기도의 마지막 단계이자 최고의 단계는 바로 하나님과 동행하는 관문을 활짝 열어젖히는 것이다. 이 문은 아무리 자세하게 말해 주어도 소용없다. 가장 확실한 방법은 스스로 경험해서 자신의 것으로 받아들이는 수밖에 없다. 그때에야 비로소 기도에 삶의 최우선순위를 두고 살아가는 이유를 깨닫게 된다.

6.

성경에서 하나님의 뜻을
캐내는 습관을 들이라

평소에 자유의 소중함을 잘 모르던 사람들이 군에 입대해서 자신의 의지와는 상관없이 통제된 삶을 살게 되거나 감옥에 들어가서 억압받는 환경에 놓이게 된다면 비로소 자유의 귀중함을 깨닫게 된다. 필자는 나이가 60세가 넘게 되어 몸의 장기들이 서서히 노쇠해 감을 느낀다. 그중에서 가장 취약한 부분이 치아이다. 치아는 음식물을 잘게 부수어 소화를 돕는 기관으로 아파서 작업을 제대로 하지 못하면 충분한 영양을 섭취하지 못해 건강이 나빠지는 것은 물론이고 먹는 즐거움도 잃게 되니 사는 맛조차 반감된다. 그래서 필자는 젊은 시절 튼튼했던 치아의 소중함을 모르고 충분히 예방하지 못한 것이 한탄스럽다. 소중함을 모르고 사는 것은 그뿐만이 아니다. 그중의 하나가 성경이다. 성경은 세상을 다스리고 인간의 생사화복을 주관하시는 하나님의 뜻을 기록한, 가치를 논할 수 없는 놀라운 책이지만 그 사실을 제대로 알고 있는 사람은 드물다. 적지 않은 크리스천들은 주일예배에 지참해야 하는 행사 용품으로 사용할 뿐이다.

1) 성경은 하나님과 동행하는 삶의 지도이다

필자는 목회자가 되기 전의 20여 년의 평신도 시절 동안 10년을 넘게 교회의 중등부교사로 봉사했다. 당연히 아이들을 가르치려면 성경 지식이 필요했기에 정기적으로 성경을 읽으려고 노력했다. 물론 공과에는 공부에 필요한 자세한 설명이 곁들여져 있으며 평소에 수도 없이 들어 왔던 설교의 주제에서 벗어나지 않은 낯익은 내용이었기에 학생들을 가르치는 것이 그리 어렵지 않았다. 교회에 등록해서 같은 목회자의 설교를 2년만 넘게 들어보면 비슷한 주제의 반복이라는 것을 알게 되고 다른 주제의 설교라도 설교 제목이나 본문만 다를 뿐 설교 내용은 대동소이하며 처방으로 내려지는 마무리는 항상 그렇듯이 똑같다는 것을 짐작하게 된다. 설교 주제로 자주 오르내리는 본문도 성경 위인들의 견고한 신앙 행위나 이적과 기적으로 드러나는 경이로운 사건들이 대부분이기에 몇 번만 들어도 이내 줄거리가 이어지며 마무리를 예상하기에 어렵지 않다. 이런 상태에서 새로운 발견을 기대하고 성경을 읽는 것은 무리가 아닐까? 이미 알고 있는 내용을 확인하는 성경 읽기는 늘 심드렁하고 무미건조하기에 단지 교인의 의무감으로 대하기 일쑤이다. 그런 상황에서도 정기적으로 성경을 읽는 사람들의 인내심과 의지를 높이 살 만하다. 그렇지만 대부분의 사람들은 관심조차 없기에 교회에서 성경통독 행사를 열어 포상을 해 주고 필사한 것을 제본해 주며 격려하기에 마지못해 읽기도 한다. 그러한 행사가 지나면 예전의 관습대로 성경책은 먼지를 풀풀 덮어쓰고 주일예배 행사에 동원되는 지참물의 신세로 전락할 것이다.

적지 않은 크리스천들이 성경을 진지하게 읽지 않는 가장 큰 이유는 성경이 일상의 삶에서 엄청난 영향력을 끼치며 놀라운 위력을 발휘하는 것을 절감하지 못해서가 아닐까? 성경은 세상을 창조하시고 대자연을 다스리시며 인간의 생사화복을 주관하시는 하나님의 뜻을 기록한 말씀이라는 사실을 부정하지는 않지만, 이는 교회의 설교에서나 등장할 뿐 삶의 현장에서 실감 나게 느끼지 못해서일 것이다. 필자 역시 성경을 진지하게 읽기 시작한 것은 목회자가 되고부터이다. 그동안은 신앙인의 의무나 교회의 교사로서 알아야 할 지식이 필요해서 읽기는 했지만 절박한 심정으로 하나님을 만나는 자세는 아니었다. 오랫동안 형식적인 행사 이상도 이하도 아니었다. 그러다가 성경적인 재정관리 사역을 시작하고 나서 방송국이나 포털사이트의 상담 게시판에 질문이 올라오기 시작하자 다급해졌다. 필자의 답변은 성경의 원칙을 기반으로 하여 삶에 구체적으로 적용하는 것이 주된 내용이었기에 성경을 관통하는 하나님의 뜻에 대한 지식과 깨달음이 절대적으로 필요했다. 그래서 그동안의 형식적이고 느슨한 성경 읽기가 발등에 불이 떨어진 상황으로 돌변했다. 정해진 양을 읽어야 하는 게 아니라 필요한 주제에 대한 하나님의 정확한 뜻을 알아야 하겠기에 눈에 불을 켜고 읽어야 했다. 또한 성경 인물이나 사건의 인지에 그치는 것이 아니라 행간에 숨은 하나님의 뜻에 대한 깨달음도 절실했다. 사실 설교에 등장하는 인물이나 사건의 내용은 이미 알고 있었기 때문이다. 새로운 필요에 따라 갈급한 태도를 가지고 성경을 읽어 내려가자 그동안 알지 못했던 성경 내용의 모습이 속속 드러내기 시작했다.

필자의 경험으로 알게 된 사실은 정기적인 성경 읽기를 습관들이려면 성경에 숨어 있는 하나님의 뜻에 대한 필요와 욕구가 절실해야 한다는 것이다. 성경퀴즈대회에 참석한다면 마치 시험공부를 하듯이 성경 인물에 대한 지식이나 사건의 내용을 자세하게 읽어 암기하면 되지만 현장의 삶에서 그러한 성경 지식은 써먹을 데가 없다. 성경은 입학이나 입사, 승진, 자격시험의 시험과목이 아니며 가정생활이나 대인관계, 직장이나 사업에 꼭 필요한 지식이나 정보들도 아니다. 수천 년 전에 장소도 멀리 떨어진 곳에서 일어난 사건들이나 인물에 대한 지식이 현대를 살아가는 우리에게 필요한 게 얼마나 있을까? 그렇지만 우리가 성경에서 필요해 마지않는 것은 교회의 신앙생활에 필요한 정보나 지식이 아니라, 고단하고 팍팍한 현장의 삶의 문제를 해결해 주는 지식이나 깨달음이 아닐까? 성경은 실용적인 책으로, 한눈에 보아도 삶에 필요한 지식이나 정보를 알려 주는 책이 아니라 인간의 구원에 대한 하나님의 계획을 중심으로 다양한 기자들에 의해 써졌기에, 정작 우리가 얻고자 하는 내용들은 행간에 숨어 있는 깨달음을 얻기 위한 지혜와 통찰력을 필요로 한다. 그런 능력이 없었기에 그동안 오랫동안 성경을 읽어왔어도 가시적인 결과를 얻는 데 실패한 이유이다.

필자는 지금의 성령이 내주하는 기도훈련 사역을 하기 전에 성경적인 재정관리와 라이프 코칭을 했었다. 이 사역은 크리스천들이 삶에 필요한 다양한 분야에 대한 성경의 원칙과 지혜로운 적용을 도와주는 일이다. 성경은 인류를 위한 하나님의 구원주제가 큰 기둥이지만 우리가 평안하고 형통하게 살아가는 데 필요한 원칙과 지혜로운 적용에 대한 지침도 적지 않게 들어 있다. 예를 들어, 재물과 그 책임에 대한 내용은 2,300여 구절이나 나오고 예수님의 38개 비유 중 16개가 여기에 속한다. 특히 지혜서라 불리는 잠언을 비롯한 전도서 등에는 일상의 삶을 살아가는 데 필요한 성경적인 원칙이 자세하게 나와 있다. 그렇지만 안타깝게도, 성경을 값비싼 보석이 숨겨진 광산이 아니라 신앙생활을 위한 규범집 정도로 치부하고 있다. 우리가 어떻게 여기든지 상관없이, 하나님은 성경에 밝힌 자신의 뜻대로 살아가는 자와 동행하기에 하나님의 뜻에 무지하다면 희생적인 신앙 행위에도 불구하고 도우심과 인도하심을 경험하지 못할 것이 틀림없다. 지금부터라도 성경에 숨겨진 보물을 찾는 갈급한 마음으로 하나라도 놓치지 않겠다는 집중력을 가지고 성경을 읽는 습관을 들여야 할 것이다. 그 길만이 평안하고 형통한 삶으로 인도하는 지름길이다

2) 왜 성경을 읽는 습관이 필요한가?

어린아이가 세상을 올바르게 살아가는 데 배워 두어야 할 습관은 한두 가지가 아니다. 일찍 자고 일찍 일어나기, 정리정돈 잘하기, 책 읽기 등 좋은 습관을 잘 들여놓아야 세상을 평안하고 형통하게 살아가게 될 것이 분명하다. 그렇지만 좋은 습관은 들이기가 힘들다. 욕하기, 만화영화 보기, 인터넷 게임 하기 등의 나쁜 습관은 애써 가르쳐 주지 않아도 금세 배우지만, 좋은 습관은 맛있는 것을 주어 가며 유도해도 잘 따라 하지 않는다. 일찍부터 좋은 습관이 몸에 뱄다면 남은 인생은 순탄한 길로 시작된다는 것을 어른들은 그간의 삶의 경험으로 보아 잘 알고 있기에 억지

로라도 얻게 하고 싶어 한다. 크리스천이라면 예배 참석을 비롯해서 기도하기나 성경 읽기 등의 경건 행위를 성실하고 열심히 행해야 한다는 것을 모르는 이는 없다. 그렇지만 주일예배도 마지못해 참석하는데 규칙적으로 기도하거나 성실하게 성경을 읽는 것은 쉬운 일이 아니다. 그 이유는 습관을 들이지 못해서이다. 더 구체적으로 말하자면 어려운 훈련을 해서라도 습관을 들일 만한 유익이 있는지 아직도 잘 모르고 있어서일 것이다. 만약 습관을 들인 대가로 평생 억대 연봉의 직장에 취직이 된다든가 막대한 재산을 얻는다든가 하는 현실적인 이익이 눈앞에 있다면 이를 놓칠 사람은 아무도 없을 것이다. 그렇지만 경건의 습관으로 얻어지는 영적인 유익은 눈에 보이지 않기에 얼마나 대단한지 깨닫지 못하고 있다. 성경을 읽는 습관이 왜 우리에게 필요한지 분명하게 알고 있다면 어떤 희생을 치르더라도 이를 마다할 사람이 없을 것이다.

성경을 관통하는 하나님의 뜻을 알아야 한다

요 1:1
태초에 말씀이 계시니라 이 말씀이 하나님과 함께 계셨으니 이 말
씀은 곧 하나님이시니라

하나님과 동행하고자 하는 사람이라면 하나님이 기뻐하시는 뜻이 무엇인지 잘 알고 있어야 하는 것은 당연하다. 하나님은 자신의 뜻을 성경으로 기록해 우리에게 남겨 주셨다. 즉 하나님은 환상이나 꿈 등의 신비로운 현상으로 자신의 뜻을 알리기보다 성경을 통해 자신의 존재감을

드러내신다. 그렇지만 이에 무지한 사람들은 성경을 파헤쳐 깨닫기보다 애매모호한 신비주의자들이나 비성경적인 예언자들의 막연한 말에 더 기대감을 갖고 있으니 안타까운 일이다. 물론 성경이 무슨 예언자나 점 쟁이들의 말처럼, 해결에 필요한 행동이나 앞날에 대한 지침을 족집게처럼 주지 않기에 아무리 성경을 들춰 보아도 깨닫는 것은 어렵다. 또한 일부에 기록된 내용이 전체적인 하나님의 뜻을 대변해 주는 것도 아니며 성경적으로 해석하는 것도 만만하지 않다. 그래서 이단이나 삯꾼 목자들은 자신의 이익을 위하여 성경을 자의적으로 해석하거나 왜곡하는 것도 빈번한 일이다. 또한 성경에 기록되어 있다고 중요성이 똑같이 취급되는 것도 아니다. 어떤 구절은 주요한 하나님의 뜻이라기보다 단순한 행동지침을 위한 주변적인 내용도 있으며(이는 딱 한 번밖에 나오지 않으며, 그 당시 기자가 살던 시대의 문화나 사고방식의 영향인 경우가 흔함), 구약과 신약을 가리지 않고 여러 기자를 통해 반복적으로 강조하는 중요한 원칙도 있다. 이러한 내용의 분별은 성경에 대한 해박한 지식이 있어야 하며 통찰력과 지혜를 가지고 있어야 올바른 하나님의 뜻을 깨달을 수 있다. 그렇지만 그러한 수준의 경지에 오르려면 오랫동안 성경 지식을 쌓으며 반복적으로 읽는 습관을 들여야 가능하다.

또한 같은 주제라도 다양한 방법을 제시하는 경우가 있다. 예를 들어, 기도하는 모습도 금식하며 기도할 것을 강조하거나 손뼉을 치며 큰 소리로 기도하는 모습도 보이지만 다른 곳에서는 은밀하게 골방에 들어가 기도하는 것을 명령하기도 한다. 사실 기도하는 모습이 중요한 것이 아니라 하나님께 몰입하여 간절히 기도하는 마음의 자세를 하나님이 원하신다는 것이 성경적인 내용이다. 그렇기에 일부에 기록되어 있다고 하나님이 그런 행동만을 원하신다고 주장한다면 성경을 관통하는 하나님의 뜻에 벗어난다. 그러므로 성경을 관통하는 하나님의 뜻에 대해 정통하려면 오랫동안 성경을 정독하며 읽는 습관이 필요하다. 성경은 수천 년 전에 낯선 이방의 문화와 사상을 가진 기자가 하나님의 감동으로 받은 내용을 글로 기록한 것이다. 그러므로 글로 기록할 때 자신의 사상과 그 당시의 문화가 자연스레 스며 들어갈 수밖에 없기에 우리가 사는 현시대에 적용하려면 그 당시의 사건에서 하나님의 원칙을 찾아내어 다시 우리가 살고 있는 현시대로 접목하는 작업이 필요하다. 그렇지 않다면 성경은 단지 고대시대의 신화나 허구적인 옛날이야기에 불과할 것이다. 또한 성경은 시대와 장소를 넘나드는 시와 역사, 편지 등의 다양한 장르로 기록되어 있다. 바울의 편지는 신앙에 필요한 행동원칙을 말해 주기도 하지만 다윗의 시편은 자신의 신앙고백으로 일관하고 있고, 솔로몬이 지은 잠언과 전도서는 고대사회의 일반적인 지혜를 대변해 주고 있는 인상이다. 게다가 의미 없는 숫자나 낯선 이름이 등장하는 이스라엘 족보를 열거하는 지루한 내용에서 하나님의 뜻을 깨닫는 것은 여간 어려운 일이 아니다. 그러므로 성경을 관통하는 해박한 지식을 얻으려면 일상의 삶에서 오랫동안 반복해서 읽는 습관을 들여야 하는 것이 필수적이다.

꾸준한 성경 읽기의 습관은 하루아침에 생기지 않는다

운동습관을 들이는 것이 어려운 일이라는 걸 해 본 사람은 다 안다. 몸이 찌뿌듯하며 날로 체중이 불어나는 몸을 볼 때마다 운동을 결심하지만 막상 시작해서 이를 유지하려면 매일 전쟁을 치러야 한다. 숨이 턱턱

막히는 고통과 더불어 무거운 몸을 연신 움직여야 하는 일은 상당한 인내를 요구하기 때문이다. 그래서 수많은 사람들이 중도에 포기하고 만다. 오직 소수의 사람들만이 1년을 넘기며 습관을 들이는 데 성공한다. 그 이후에는 몸이 저절로 운동을 요구하게 되어 있어 그리 어렵지 않다. 바빠서 며칠 빼먹으면 다른 일을 제쳐 놓고라도 운동을 먼저 할 정도로 우선순위에 올라 있다. 이렇게까지 되기에는 적지 않은 시간들을 참고 견디어야 한다.

성경 읽기에 습관을 붙이려면 두 가지 조건을 충족시켜야 한다. 첫째는 1년 이상, 지속적으로 같은 습관을 유지해야 한다. 그러므로 처음부터 많이 읽는다는 욕심을 버리고 하루에 1~2장이라도 거르지 않고 읽는 자세가 중요하다. 나중에 어느 정도 습관이 붙으면 읽는 양을 늘려 나가면 된다. 필자는 아침에 기도를 마치면 습관적으로 책상에 앉아 성경을 읽는다. 기도나 성경 읽기 등의 영적인 행위들은 서로 이어서 하면 효과가 배가된다. 그렇지만 중간에 신문이나 인터넷 검색 등 세상일에 관심을 갖게 되면 성경을 읽어도 집중력이 떨어지고 성경 읽는 즐거움이 현저하게 사라진다. 그러므로 일어나서 다른 일을 하기 전에 기도나 성경 읽는 시간을 가장 먼저 배정하여야 한다. 두 번째 조건은, 성경을 형식적으로 읽어 내려가는 게 아니라 무슨 뜻인지 곰곰이 생각하며 읽는 자세가 필요하다. 필자도 평신도 시절에 오랫동안 성경을 읽어 왔음에도 기쁨은커녕 무미건조한 상태가 계속되어서 이를 유지하는 게 무척이나 힘들었던 적이 있다. 그 이유는 아무런 생각 없이 의무적인 행위에 만족했기 때문이다.

성경 읽는 습관의 원동력은 성령이 주는 기쁨을 얻는 데 있다. 그러므로 형식적인 행위에 만족하지 말고 그 뜻을 음미해 가며 읽어야 한다. 시간이 필요하겠지만, 오래지 않아 성령이 주시는 즐거움을 찾아 성경을 읽게 되는 날도 경험하게 된다. 그러므로 단지 횟수나 시간만 채우는 게 아니라 성경 내용을 정독해 가며 읽을 때 훈련시간을 단축시킬 수 있다. 그럼에도 불구하고 성경 읽는 습관은 적지 않은 시간을 필요로 한다는 것을 잊지 말고 거르지 않고 매일매일 유지하는 데 목적을 두고 진행하여야 할 것이다.

3) 어떻게 성경을 읽는 습관을 들일 것인가?

우리나라 성인들이 읽는 책은 일 년에 1권도 채 되지 않는다고 한다. 학교를 졸업하자마자 책을 읽는 것마저 졸업한 셈이다. 크리스천들이 성경을 읽는 습관을 들이는 것이 어려운 이유도 이와 무관하지 않다. 책을 읽는 습관이 없는 상태에서 억지로 성경을 읽는 것은 더욱 힘든 일이다. 그렇지만 성경은 다른 책과는 가치가 다르다. 일반 책들이야 읽지 않는다 해도 현대사회에 필요한 교양이나 자기계발에서 뒤쳐질 뿐이다. 그렇지만 크리스천이 성경을 읽지 않는다면 맹인이 산을 오르는 것과 같이 위험하다. 하나님의 뜻에 무지한 채 맹목적인 신앙생활을 하기 십상이기 때문이다. 어쨌든 성경 읽기가 신앙생활에 차지하는 비중을 모르는 크리스천은 없겠지만 습관을 들이지 못하는 이유는 성경 읽기의 중요성과 더불어 습관을 들이는 좋은 방법을 모르고 있어서가 아닐까?

시간과 장소를 정해 놓고 읽기 시작하라

대부분의 크리스천에게 성경을 읽는 것은 즐거운 일이 아니다. 목회자들조차 설교의 재료나 의무감으로 읽는 이도 적지 않다. 하물며 평신도들에게 성경을 읽는 즐거움을 깨달은 이를 바라는 게 언감생심일 것이다. 결론부터 말하자면 완벽하게 성경을 읽는 습관을 들이려면 성경이 주는 즐거움을 체득하게 될 때까지 포기하지 않아야 한다는 사실이다. 이는 '닭이 먼저냐 알이 먼저냐'를 묻는 질문처럼 결론을 알 수 없는 일이기는 하지만, 습관을 들여 읽다 보면 즐거움을 느끼는 경지에 다다를 수도 있다는 말이 되겠고, 즐거움을 느끼기에 평생 습관을 들일 수 있다는 말이기도 하다. 결국 자신도 모르게 습관을 들이게 될 때까지 끊임없이 동기부여를 시켜야 한다는 것이다.

매도 먼저 맞는 놈이 낫다고 한다. 뒤에 서서 먼저 맞는 사람의 비명 소리를 듣는 것은 보통 공포가 아니기 때문이다. 의무감으로 읽든 아니든, 성경을 읽는 즐거움을 모르는 사람들에게는 잠자리에서 일어나자마자 후딱 해치우는 게 좋다. 필자는 아침기도가 끝나면 성경을 읽는다. 서재의 책상 위에는 성경이 늘 펼쳐져 있다. 예전에는 오랫동안 구약 3장과 신약 3장을 읽었다. 물론 읽는 재미가 붙어서도 아니고 즐거움이 쏠쏠해서도 아니었다. 사역의 필요와 신앙인의 의무감으로 읽었다는 게 맞는 말일 게다. 재미는 없었지만 아침에 일어나자마자 기도를 마친 후에 무조건 읽는 시간을 가졌으니 습관을 들이기 어렵다는 생각을 할 겨를조차 없었다. 그렇게 몇 년이 흐르니 어느새 성경을 읽는 습관이 붙었다.

바쁜 일상 중에 시간을 따로 내어 성경을 읽는 것은 어렵다. 그러므로 아침 일찍 일어나 다른 일을 시작하기 전에 읽는 게 가장 좋다. 아침에 시간을 내기 어렵다면 잠자리에 들기 전에 읽는 것도 차선의 방법이다. 어쨌든 습관을 들이려면 방해받지 않은 시간과 장소를 정해 놓고 읽어야 한다는 것이다. 읽는 분량은 처음에는 10~20분 정도 읽는 양이 적당하며 습관이 되면 점차 늘려나가는 게 좋다. 집에서 시간을 내는 게 어렵다고 성경책을 가지고 다니며 일과 중에 사무실이나 자동차 안에서 읽겠다며 처음의 결심을 뒤로 미룬 사람을 종종 보기도 한다. 아침저녁에 집에서 시간을 낼 수 없는 사람은 일과 중에 성경을 읽기는 더욱 어렵다. 처음 몇 번은 그럭저럭 해 나갈지는 모르겠지만, 격무와 스트레스로 관심을 갖기조차 어려운 환경에서 성경 읽기에 집중력을 발휘하는 것은 정말 힘든 일이다. 처음에 작은 목표부터 성공해 나가야 자신감도 붙는 법이지, 자꾸 빼먹게 되면 자신에게 실망하게 되고 자신감이 떨어져 결국 포기하고 만다. 가장 쉬운 방법은 집에서 아침에 읽는 것을 습관으로 들이는 것이다.

성령이 내주하시는 기도를 동반해야 한다

기도 없이 성경을 읽는 사람은 100% 실패한다. 매년 성경을 일독(一讀)한다고 천국에 들어가는 성적표에 추가점수가 올라가는 것도 아니고 성경 지식을 세상에서 써먹는 것도 아니다. 성경을 읽는 목적은 하나님의 뜻을 깨달아 삶에 적용함으로 하나님을 기쁘시게 하는 데 있다. 그러므로 성경 지식을 늘이는 게 아니라 깨달음의 깊이를 더하여야 한다. 그렇다면 아는 내용일지라도 반복해서 꾸준히 읽어야 하는데, 이는 인내심을 시험하는 자세로 읽어서는 오래 지속할 수 없다. 성경은 개학하기 전에 끝내야 하는 방학 숙제가 아니라 평생 읽어야 하는 것이기 때문이다. 그 해결책은 성경을 읽는 즐거움을 터득해야 가능하다.

필자도 오랫동안 성경을 읽어 왔지만 성령이 주시는 즐거움에 무지했다. 그래서 매일 반복되는 성경 읽기는 재미없고 무미건조한 시간들이었다. 그렇지만 그럭저럭 지속한 이유는, 읽지 않으면 벌을 받을지도 모른다는 죄책감으로 괴롭기도 하였고 혹시나 하나님이 도와주시는 명단에서 제외할 것이라는 철없는(?) 생각도 들어서이다. 의무감에서 형식적으로 읽는 행위는 아무 소용이 없다. 하나님이 우리의 정성을 봐주실 거라는 생각은 기복신앙에서 출발한 비성경적인 희망 사항일 뿐이다. 성경을 읽는 즐거움을 느끼려면 성령이 내주하시는 기도가 동반되어야 가능하다. 그런 상태에서 성경을 읽게 되면 재미없고 꽉꽉한 느낌이 사라지고 쫀득쫀득한 느낌으로 성경 속으로 빠져 들어가는 상태가 된다. 이런 상태의 성경 읽기는 성경 묵상과 밀접한 관계가 있다. 성경 묵상은 감명받은 구절을 암송하는 것도 한 방법이지만 기도에 몰입이 되면 성경 말씀이 저절로 묵상되며 하나님의 뜻이 환하게 깨달아진다. 필자가 책이나 칼럼을 쓰는 소재의 상당 부분이 기도 중의 성경 묵상에서 깨달은 영감이다. 기도에 깊이 몰입되면 성령이 이끄시는 상태가 되는데 이때 성경 묵상이 차지하는 시간이 적지 않다. 성경 묵상은 성령이 이끄는 기도와 밀접한 관계가 있다는 말이다. 그렇다면 이러한 성경 묵상이 가능하려면 성경 읽는 습관이 들어야 가능하지 않겠는가? 이런 상태에서의 성경 읽기는 의무감에서 하는 행위가 아니므로 참 즐겁다. 성경을 읽으면서 하나님이 주시는 평안과 기쁨을 체험하는 시간이기 때문이다.

성경참고서를 활용하여 읽는 재미를 늘려 나가라

애국심으로 국가대표의 스포츠경기만 즐겨 보는 사람은 다른 나라의 경기에서 재미를 느끼지 못한다. 그렇지만 스포츠 마니아들은 팀의 경기력과 스포츠 스타의 매력에 흠뻑 빠져 있기 때문에 그의 국적을 상관하지 않게 된다. 예를 들어 축구 지식이 늘어 갈수록 보는 관점도 달라진다. 아마추어들은 단지 응원하는 팀이 이기기만 바랄 뿐이지만 마니아들은 팀의 색깔이나 전술, 선수들의 개인 능력들을 훤히 알고 있기에 이를 토대로 상대팀과 비교해서 감상하기에 보는 즐거움이 배가가 된다. 인터넷의 토론방에 들어가 보면 자신이 마치 감독이라도 되는 양 수준 높은 관전평을 쏟아 내기도 한다. 같은 경기라도 지식이 풍부한 마니아와 초보자는 보는 관점이 다를 수밖에 없고 즐기는 수준 차이가 현격하다.

성경을 읽는 것도 이와 다르지 않다. 대부분의 크리스천이 성경 읽기에서 재미를 느끼지 못하는 것은 성경 지식이 부족한 데 이유가 있다. 지금은 조금 쉬워졌지만 예전의 성경은 어려운 한자어로 도배하다시피 해서 한자를 잘 아는 사람들도 이해하기가 만만치 않았다. 게다가 수천 년 전의 고대시대에 낯선 지방의 관습이나 문화에 무지한 채 읽는 것은 마치 오랫동안 사라진 고문(古文)을 다시 발굴해 읽는 것처럼 난해한 일이었다. 그러다 보니 성경을 직접 읽기보다 가공해서 포장한 설교를 듣는 게 편한 일이 되어 버렸다. 그렇지만 설교자가 아무리 성경적으로 잘 해석을 한 설교라도 다양한 관점에서 해석하고 받아들이는 것은 무리이며, 자신이 처해 있는 환경이나 신앙 수준에 딱 맞기를 바라는 것은 어려운 일이다. 사람마다 입맛이 다르고 좋아하는 요리는 다르기에, 늘 한 가지 식단에 정해진 요리법으로 만든 음식은 오래지 않아 질릴 수밖에 없다. 가장 좋은 방법은 먹고 싶은 요리를 정해 신선한 재료를 가지고 즐기는 양념을 넣어 자신만의 요리를 만드는 것이 아닐까? 그렇다면 요리에 대한 기본적인 지식을 알아야 할 것이다. 이 일은 성경을 읽는 일에도 그대로 적용된다. 성경에 기록된 하나님의 뜻을 아는 것은 쉬운 일이 아니기에 목회자들은 신학교에서 전문적으로 배우고 목회현장에서도 전문도서에 파묻혀 살다시피 한다. 그렇지만 굳이 신학교를 다니지 않더라도 평신도에 알맞은 성경 도우미들을 찾아보면 어렵지 않게 발견할 수 있다. 현대어로 번역되거나 쉬운 용어로 쓰인 여러 버전의 성경들과 성경 사전, 성경 지도, 평신도를 위한 간략하고 쉽게 편집된 단권 주석 등 찾아보면 너무 많다. 성경을 읽을 때 난해한 문맥이 나오거나 이해하기 어려운 용어들이 나오면 그냥 지나치지 말고 이들 참고서를 통해 정확한 뜻을 알고 읽는다면 성경이 점점 친근한 책이 될 것이 분명하다. 그렇지만 서가에 영어사전이 몇 권씩 꽂혀 있으면서 성경 사전은 눈 씻고 찾으려 해도 보이지 않는 가정이 너무 많다.

성경 지식이 풍부해질수록 성경을 읽는 것이 재미있어지며 하나님의 뜻에 대해 해박할수록 삶이 더욱 자유로워지며 평안해진다. 성경에 대한 지식이 쌓일수록 삯꾼 목자들의 위협에서부터 자유로워지고 비성경적인 죄책감에서 해방될 수 있다. 지금도 우리 주변에는 신비주의자들과 거짓 예언자의 헛된 예언에 불안해하며 전혀 성경적이지 않은 삯꾼 목자들의 위협에 전전긍긍하는 이들이 적지 않다. 이들이 만약 하나님의 뜻을 정확하게 안다면 이들의 덫이 무용지물이겠지만 스스로 판단할 만한 성경 지식이 없기에 스스로 고단하고 팍팍한 신앙생활을 자초한 셈이다.

주제를 파악하고 교훈을 얻기에 힘써라

학창 시절에 공부는 열심히 하는 것 같은데 성적이 오르지 않는 급우를 본 적이 있을 것이다. 점심시간을 쪼개고 쉬는 시간도 아랑곳하지 않고 공부하는 열정을 보이지만 성적은 그저 그렇다. 그와 반면에 노는 것을 좋아하고 설렁설렁하게 공부하는 것 같은데 성적은 상위권을 꾸준히 유지하는 친구들도 있다. 그 차이는 무엇일까? 공부에 대한 집중력의 차이도 있겠지만 시험에 나올 만한 중요한 주제에 대한 정확한 지식의 차이가 성적으로 증명된 것이다. 그냥 공부하는 것이 아니라 시험에 나올 만한 내용을 확실하게 알고 있어야 좋은 성적을 유지하는 비결인 셈이다.

> 잠 2:4~5
>
> 은을 구하는 것 같이 그것을 구하며 감추어진 보배를 찾는 것 같이
>
> 그것을 찾으면 여호와 경외하기를 깨달으며 하나님을 알게 되리니

성경은 시험공부용 책자가 아니다. 그래서 시험에 나올 만한 중요한 주제가 일목요연하게 정리되어 있고, 초보자의 이해를 돕기 위해 어려운 용어풀이가 따로 편집되어 있으며, 중요한 내용을 반복하여 알아들

을 때까지 설명하고 콕 집어서 머릿속에 넣어 주지 않는다. 어찌 보면 그 반대이다. 수많은 기자들이 쓴 다양한 장르의 내용들이 아무런 기준도 없이 그냥 늘어놓은 책이다. 역사와 시, 편지 등의 문학 장르가 순서 없이 섞여 있고 고리타분한 훈계, 우리와 상관없는 족보 이야기, 이 시대에 효력이 사라진 율법 등이 마구잡이로 툭 튀어나온다. 그래서 현시대에 우리의 삶에 적용하려면 머릿속에서 주제에 맞게 정리하고 편집하는 작업이 필요한 이유이다. 필자는 지금도 성경을 읽을 때 감동이 오는 구절은 따로 주제를 정해 말머리에 붙여 놓고 노트에 적어 놓는다. 다시 읽으려는 목적으로 노트에 필기하는 것이 아니라 한 번 더 써 봄으로 머릿속에 오래 기억을 하려는 의도이다. 짤막한 구절이라도 주제를 생각해서 붙여 놓기로 한 것은 이 구절의 의도가 무엇인지 분명하게 알고 싶어서다. 그렇게 하지 않으면 오랫동안 읽었어도 무슨 내용인지 모르고 지나칠 때가 많기 때문이다. 그런 방법으로 읽으면 어떤 내용이라도 주제를 선명하게 알게 되어 삶에 적용하기가 쉽다.

우리가 성경을 읽는 이유는 아는 것에 그치지 않고 삶에 구체적으로 적용하기 위해서이다. 삶에 적용하지 못하는 말씀은 아무런 소용이 없다. 성경은 신앙생활에 필요한 말씀만 들어 있지 않다. 예를 들어, 자녀교육, 돈 관리, 대인관계, 투자의 방법, 부부관계, 직장생활 등 찾아보면 실생활에 필요한 주제들이 수없이 숨겨져 있다. 그렇지만 지혜와 통찰력이 부족하기에, 아무리 읽어도 발견하지 못하며 설령 찾아냈더라도 현시대의 우리와는 상관없는 옛날이야기로 받아들이기 일쑤이다.

감동받은 내용을 묵상하기를 즐겨라

축구선수에게 골은 마치 케첩을 짜는 일처럼, 처음에는 아무리 애써도 잘 안 나오지만 한번 나오기 시작하면 한꺼번에 쏟아진다는 우스갯소리가 있다. 필자도 성경 묵상을 실천하게 된 것은 기도 습관을 들인 이후였다. 성경 묵상이란 말 그대로 성경을 머릿속에서 반복해서 음미하는 것을 말한다. 좋아하는 성경 구절을 노트에 적어 놓고 암기하여 묵상하려고 해 보았지만 그리 오래가지 못했다. 그래서 번번이 포기하고는 아예 잊고 살았다. 그러다가 우연히 기도할 때마다 자연스레 성경이 묵상되기 시작했다. 성경 묵상을 하려고 애쓸 때는 되지 않더니, 생각지도 않고 있었는데 성경이 묵상되니 신기한 일이다. 그전에는 성경 묵상이 왜 어려웠을까? 그 이유를 아는 것은 어려운 일이 아니었다. 성경 묵상이 자연스레 될 만큼 성경을 많이 그리고 자주 읽지 않았기 때문이다. 성경 묵상은 하나님의 뜻을 깨닫는 아주 중요한 과정이다. 그렇다면 성경을 반복해서 자주 읽는 습관이 되어야 한다. 필자는 아침에 약 30분~1시간을 정해 놓고 성경을 읽고 있지만 낮에도 틈만 나면 성경을 꺼내 읽곤 한다.

성령이 주시는 평안과 기쁨을 터득하면 기도하는 것처럼 성경을 읽는 것도 즐거운 일이 된다. 성경 읽는 즐거움을 느끼게 되면 자주 읽게 된다. 그러면 성경 말씀이 머릿속에 오래 머물게 되기에 기도할 때뿐 아니라 일상생활을 하면서도 문득문득 떠오르게 마련이다. 필자는 목회자이면서 책을 쓰기 때문에 하나님이 주시는 영감을 놓치고 싶지 않아 늘 노트를 휴대하고 다니며 이때를 놓치지 않고 메모한다. 특히 어려운 주제를 앞두고 있으면 깨달음을 얻기를 간구하며 말씀을 묵상하기에 언제

하나님이 주시는 영감이 내려올지 모른다.

　성경 묵상을 통해 얻는 깨달음은 놀라운 영적인 능력을 경험하고 영적인 세계를 알아가는 열쇠이다. 많은 사람들이 소원하면서도 얻지 못하는 이유는 성경을 자주 읽지 않기 때문이다. 성경 묵상은 성경을 하루에 몇 장 읽는 정도로는 어렵다. 적어도 하루에 1시간 이상 읽는 수준으로 늘려야 한다. 기도하는 일과 더불어 성경에서 하나님의 뜻을 깨닫는 일은 하나님과 동행하는 필수적인 조건이다. 많은 크리스천들이 오랜 신앙의 연륜과 묵직한 교회의 직책을 가지고 있지만 경건의 능력이 부족한 이유는 세상일에 관심을 빼앗겨 하나님을 찾아 나서는 일에 삶의 최우선순위를 두지 않기 때문이다. 하나님과 깊이 교제하는 일은 세상에서 얻지 못하는 기쁨과 평안이 있지만, 그 경지에 오르기 전에 포기하고 노력을 멈추기에 신앙생활이 건조하고 팍팍하다. 세상이 주는 쾌락을 즐기려 해도 많은 노력과 시간을 투자해야 되듯이, 하나님과 동행하는 삶을 누리는 데도 공짜는 없다. 영적인 가치를 깨닫는 자만이 끝까지 포기하지 않고 그 길을 가는 이유이다.

제3부

하나님이 기뻐하시는
삶을 살라

1.
부족한 성품을 방치하지 말라

우리는 교회에서 성품에 대한 설교를 거의 듣지 못한다. 축복과 성공적인 삶을 위한 희생적인 신앙 행위에 대해서는 귀에 못이 박이도록 듣고 있지만 깨끗하고 따뜻한 성품에 대해서는 찾아보기 힘들다. 일주일에 겨우 20분 남짓 주어지는 설교 시간에 중요한 얘기도 할 게 많은데 듣기 싫은 소리를 해대면 누가 좋아하겠냐는 생각에서이다. 그래서 목회자도 껄끄럽고 성도도 싫어하는 거룩한 성품에 대한 설교는 아예 주제로도 올라오는 법이 없다. 그렇지만 성경 전체를 관통해서 하나님은 거룩한 성품에 대해 수도 없이 말씀하고 계신다. 이처럼 성품은 하나님이 관심을 갖는 중요한 주제이지만 성경을 벗어나면 아무도 입에 올리지 않는다. 그래서 손해를 보는 이는 누구인가? 수많은 시간과 막대한 돈을 들이고 평생 교회에 미쳤다는 소리를 들으며 사는 크리스천들이 부지기수인데, 정작 하나님이 주시는 능력은 고사하고 고단하고 팍팍한 삶을 살아가고 있는 이들도 적지 않다. 하나님은 공의로 세상을 다스리시는 분이시다. 팔은 안으로 굽는다는 세상의 인심과는 다르게 그분은, 당신의 원칙에 맞지 않다면 누구라도 꿈쩍하지 않으신다. 그 기준의 중심에 거룩한 성품이 들어 있다. 이를 외면하고 있다면 하나님의 동행하심을 바라는 것은 언감생심일 것이다.

하나님은 거룩한 성품을 최고로 평가하신다

최근 TV의 동물 프로그램에서 새끼고양이를 자신의 젖을 먹여 기르는 어미 개의 사연을 재미나게 본 적이 있다. 주인은 고양이의 어미가 갑자기 죽는 바람에 우연히 같은 시기에 새끼를 잃어버린 어미 개에게 맡겨 기르게 했다고 한다. 아마 어미 개는 새끼고양이를 보면서 자신의 모습을 연상했던 것 같다. 취재진이 어미 개에게 대형거울을 비추어 주자 충격을 받아서인지 음식도 먹지 않고 자기 집에 들어가서 두문불출하는 행동을 보였다. 새끼고양이와 전혀 다른 자신의 모습을 받아들이기 어려워서 그렇다는 전문가의 설명이 뒤따랐다. 자신의 모습과 다른 새끼를 정성껏 기르는 어미는 세상에 없을 것이다. 이를 뒤집어 보면 이 세상의 모든 어미들은 자신의 모습을 닮은 새끼를 보면서 한없는 모정(母情)을 느끼며 어떤 희생도 마다하지 않는다는 결론을 얻을 수 있다.

창 1:27
하나님이 자기 형상 곧 하나님의 형상대로 사람을 창조하시되 남
자와 여자를 창조하시고

성경에 하나님은 사람을 자신의 모습(The image of God)과 닮게 지으셨다고 하셨다. 자신의 모습이란 외모와 더불어 내면의 모습까지 닮

게 만든 것이라고 성경학자들은 입을 모으고 있다. 그렇다면 하나님은 우리 모두에게 자신의 거룩한 성품의 DNA를 넣어 주셨다는 말이다. 물론 하나님은 인간을 로봇처럼 절대 복종하도록 만드신 것이 아니라 자유의지를 주셔서 이를 자유롭게 선택할 수 있는 권리를 주셨다. 그래서 사람들은 거룩한 성품을 가지고 살기도 하지만 그 반대로 불의한 성품을 드러내며 살기도 한다. 종교나 신앙에도 선택의 자유가 있듯이, 성품을 갖고 사는 것에도 똑같이 적용된다. 그렇다면 하나님은 어떤 성품을 갖고 사는 자녀를 사랑하시며 동행해 주시겠는가? 물어볼 것도 없이, 자신의 거룩한 성품을 갖고 사는 자녀를 특별하게 대해 주실 게 당연한 일이다. 그래서 내가 거룩하니 너희도 거룩하라고 명령하셨다(벧전 1:16).

우리는 하나님의 사랑을 독차지하는 조건으로 예배나 기도, 헌금, 봉사 등의 희생적인 신앙생활을 먼저 손꼽고 있지만 하나님의 생각은 다르다. 신앙생활을 성실하고 열정적으로 하는 것도 하나님을 기쁘시게 하겠지만 그보다는 먼저 하나님의 거룩한 성품을 닮기를 원하신다. 서기관들이나 바리새인들은 율법을 지키는 데는 열심이었지만, 예수님은 그들의 누룩을 조심하라고 경고하셨다(눅 12:1). 왜냐하면 거룩한 성품이 빠진 신앙 행위는 하나님의 영광을 위한 것이 아니라 사람들의 칭찬을 받기 위한 겉치레에 불과하다는 것을 잘 알고 계셨기 때문이다. 거룩한 성품이 곁들인 신앙 행위라면 더 이상 바랄 것이 없겠지만, 신앙 행위 이전에 먼저 거룩한 성품으로 변화하는 것이 급선무이다. 하나님이 기뻐하시는 성품이 빠진 신앙 행위는 모래 위에 지은 집과 같아서 아무런 소용이 없다. 그렇지만 우리 주변에는 부족한 성품을 고치려고 하지 않고 오직 희생적인 신앙 행위에만 열정을 쏟는 이들이 너무도 많다. 참으로 안타까운 일이다.

2.
하나님의 동행을 충족시키는 성품

성령이 오랫동안 내주하시는 증거는 무엇일까? 많은 사람들은 예언을 하며 귀신을 쫓아내고 질병을 낫게 하는 등의 이적과 기적을 일으키는 능력을 떠올리기 십상이다. 예수께서 승천하신 이후 초대교회의 새로운 주인공으로 떠오른 사도들은 성령의 충만함을 받아 놀라운 능력의 소유자가 되었다. 그래서 그 시대의 향기에 도취된 우리는 사도들이 지닌 경이로운 능력을 얻고 싶어 한다. 지금도 뒷골목의 전봇대에 붙은 교회나 기도원 등의 집회 전단지에는 치유, 성공, 예언, 축복의 단어가 예외 없이 들어가 있음이 이를 입증한다. 그렇지만 그간의 경험으로 보아, 대부분 이들의 공언(公言)은 공허한 외침임을 우리는 잘 알고 있다. 한때는 전국적으로 교회의 집회나 부흥회에서 떠들썩하게 부르짖던, 성령 충만을 불러오는 통성기도의 효과가 점점 약해지고 있다. 기도하면 주시겠다는 말씀만 철석같이 믿으며 기도한 사람들은 성경의 약속이 예전만 같지 못하다고 생각한다.

갈 5:22~23

오직 성령의 열매는 사랑과 희락과 화평과 오래 참음과 자비와 양
선과 충성과 온유와 절제니 이 같은 것을 금지할 법이 없느니라

하나님은 과거의 하나님이 아니라 현재의 하나님이시고 영원토록 동
일하신 분이라는 것을 견고하게 믿는 크리스천이라면 사도행전에서 보
여 준 기적의 일들이 현시대를 살아가는 우리에게도 똑같이 일어나야
한다고 믿고 있다. 그렇지만 안타깝게도, 간절한 기도에도 불구하고 우
리 주변에는 이러한 일들이 희귀하다. 소경이 눈을 뜨고, 앉은뱅이가 일
어나며, 중풍 병자가 자리를 박차고 일어나는 일은 흔한 일이 아니다. 무
엇이 잘못된 것일까? 성경을 찬찬히 곱씹어 보면, 성령이 오랫동안 내주
하시는 증거가 기적을 불러일으키는 능력이 아니라 하나님이 기뻐하시
는 거룩한 성품을 일일이 열거하고 있음을 알게 된다. 주린 배를 움켜쥐
고 금식하거나 졸린 눈을 비벼가며 밤을 새워가며 간절히 기도했음에도
불구하고 하나님의 약속이 우리에게 성취되지 않는 이유는 여기에 있
다. 부족한 성품은 방치하다시피 하면서, 얻어 누리고 싶은 기도목록만
을 탐욕스럽게 부르짖었기 때문이 아닐까?

새로운 축복의 조건

신명기를 비롯한 구약성경에서 현세적이고 지상적인 축복을 얻는 조
건은 예외 없이 '여호와의 말씀을 듣고 명령을 지켜 행하면'이다. 그러면
하나님의 축복을 받아 세상에서 잘되고 장수하며 부유하게 된다는 게
요지이다. 그래서 지금도 우리는 이 말씀을 철석같이 믿고 기도하는 이

유가 아닌가. 그렇지만 산상수훈에서 팔복을 가르치신 예수님은 축복의 내용으로 세상에서 잘되고 부자가 된다는 언급은 한마디도 없다. 우리의 마음을 꿰뚫고 계시는 그분이 우리가 내심 바라는 바를 모를 리 없겠지만, 현세적이고 지상적인 축복보다는 영원한 생명을 얻는 천국의 축복만을 말씀하고 계신다. 그 이유는 무엇일까? 애굽에서 탈출한 구약의 이스라엘 백성들은 양식을 얻을 땅도, 생명과 재산을 지킬 군대도 없었기에 가족들을 충분하게 먹이고 안전하게 사는 것이 최대의 관심사였다. 그렇지만 신약시대는 경작할 토지도 있고 치안을 유지해 주는 군대도 있었기에, 낮은 수준인 이 땅에서의 축복을 넘어 고차원적인 영원한 축복을 가르치신 이유이다. 물론 이 축복을 누릴 수 있는 조건 역시 구약시대와는 확연히 다르다. 율법을 희생적으로 행하는 것이 구약시대의 축복의 조건이었다면 신약시대에는 거룩한 성품을 갖추는 것을 기본으로 하는, 하나님의 나라와 의(義)를 행하는 높은 수준의 조건을 제시하셨다. 이처럼 신약시대에 높아진 축복의 수준에 무지한 우리는 여전히 구약시대의 낮은 수준의 축복의 조건을 여전히 고수하려고 하고 있으니 안타까운 일이다.

1) 불쌍히 여기는 마음

크리스마스 시즌이 되면 교회학교 성극의 주제로 무대에 올려져, 아이들의 앙증맞은 연기로 웃음을 자아내는 유명한 연극이 있다. 그 연극의 제목은 '선한 사마리아 사람'이다. 한 유대인이 강도를 만나 재물을 빼앗기고 죽도록 맞아 인사불성의 처지로 길 한쪽에 누워 있었다. 그대로 두면 생명을 잃을지도 모를 정도로 위태로웠지만, 그 길을 먼저 지나던 동족이자 종교지도자급인 제사장과 레위인은 모른 체하고 도망치듯 사라져 버렸다. 그렇지만 그들이 개로 비하하며 경멸해 마지않았던 한 사마리아인이 자신의 돈을 들여 가며 불행당한 유대인을 정성껏 치료해 준다는 내용이다. 예수님이 이 예화를 끝내면서 물어본 말은, 누가 이 사람의 이웃이냐는 것이다.

마 24:12

불법이 성하므로 많은 사람의 사랑이 식어지리라

이 구절은 말세가 가까워지는 것을 보여 주는 여러 증거의 하나로 예수님이 예언하신 말씀이다. 이처럼 세상의 종말이 가까워지면서 사랑이 식어 가는 광경들을 목격하게 된다. 얼마 전에 퇴근길의 북적거리는 일본의 전철 안에서 수많은 사람이 보는 앞에서 한 여인이 불량청년에게 끌려가 성폭행을 당했는데도 아무도 이를 말리거나 경찰에 신고한 사람이 없었다고 한다. 이 여인은 사람들의 눈을 바라보며 살려 달라고 애원했지만, 모두들 자신에게 일어나지 않은 것을 다행스럽게 여기며 얼굴을 돌려 외면했다고 한다. 필자는 이 사건을 접하면서 우리나라가 아닌 다른 나라에서 일어난 사건으로 애써 위안을 삼았다. 그러나 최근에 서울의 번화가에서 한 남자가 여러 청년들에게 폭행당해 끝내 숨진 일이 있었다. 그 주변에는 수많은 사람들이 둘러싸서 가까이서 지켜보았지만 아무도 경찰에게 신고조차 하지 않았다는 뉴스를 보았다. 먼 외국뿐 아니라 우리나라에도 이런 패륜적이고 엽기적인 일들이 버젓이 일어나고 있다. 사람들의 마음에서 사랑이 식어진 탓이다.

사랑은 자비, 불쌍히 여기는 마음, 친절, 배려, 동정, 이해 등의 다양한 표현으로 묘사되기도 한다. 성경을 한마디로 요약하면 하나님과 이웃을 사랑하라는 말로 함축된다. 사랑은 크리스천에게 하나님의 절대명령인 셈이다. 그래서 사랑이라는 단어는 교회에서 아주 흔하다. 교회 외벽의 간판이나 각종 현수막에는 '하나님은 사랑이시라.' 말씀으로 도배하다시피 하지만, 이 말처럼 심드렁하게 보이는 표현도 없다. 사랑은 사람의 마음에서 떠나 교회의 장식물에서조차 감동을 주지 못하는 처지로 전락했다. 실제로 우리나라 교회의 예산 중에서 불우한 이웃의 구제로 쓰이는 돈은 3%도 채 되지 못한다고 한다. 하나님은 십일조를 거두어 과부나 고아, 이방인 등 가난하고 헐벗은 이웃을 최우선적으로 도와주라고 했음에도 불구하고 오늘날의 교회는 이런저런 이유로 자신의 책임을 회피하고 있다. 교회조차 사랑이 식었음을 여실히 보여 주는 증거이다.

가정의 이혼율이 매년 급격하게 늘고 있다. 나름대로 원인이야 다양하겠지만 부부간에 사랑이 빠른 속도로 없어지고 있다는 증거이다. 실제로 부부들이 이혼하는 원인의 큰 비중을 차지하는 것은 가정폭력이나 불륜, 악성 부채 등이다. 가정폭력은 겉으로는 잘 드러나지 않지만 많은 가정에서 발생하는 사건이다. 툭하면 욕설을 걸쭉하게 내뱉는 것 역시 폭력이다. 언어폭력도 물리적인 폭력 못지않게 상대방에게 치명적인 상처를 남기기 때문이다.

요즘은 형제자매 없이 한 자녀로 애지중지 자란 탓에 이기적이고 독선적인 성격이 두드러지고, 전문직, 고학력일수록 가정폭력 현상이 심화된다고 한다. 배우자나 자녀에게 폭력을 휘두르는 것은 사랑이 식은 가정의 단면을 가감 없이 보여 준다. 폭력까지는 아니더라도 친절이나 배려, 이해심이 부족하거나 냉소, 경멸 등의 이기적인 모습은 가정에서 쉽게 발견된다. 그로 인해 가족들은 마음을 닫으며 대화를 끊고 급기야는 별거나 이혼으로 발전하게 된다. 불륜이나 악성 부채도 사랑의 부족에서 발생하는 사건이다. 불륜은 음란이 판을 치는 현시대의 영향 때문이겠지만 배우자에 대한 사랑이나 이해심이 부족하지 않다면 불륜으로까지 번지지 않는다. 자신의 힘으로 갚을 수 없는 빚인 악성 부채는 재정적인 압박으로 인한 심한 스트레스로 시도 때도 없는 부부싸움 끝에 이혼의 급행열차를 타게 만든다. 그렇지만 이러한 문제로 인해 모두 이혼을 감행한다면 오히려 이혼하지 않은 가정이 더욱 이상할 것이다. 배우자에 대한 불쌍히 여기는 마음이 서로에게 남아 있다면 상처를 받거나 삶이 힘들더라도 이혼까지 치닫지는 않는다. 그렇지만 우리는 부모세대에 보았던 헌신적인 사랑은 고사하고 최소한의 불쌍히 여기는 마음도 없기에 메마르고 팍팍한 삶을 이어 가고 있다.

2) 온유하고 겸손한 마음

마 11:29

나는 마음이 온유하고 겸손하니 나의 멍에를 메고 내게 배우라 그리하면 너희 마음이 쉼을 얻으리니 예수님은 자신이 온유하고 겸손하다고 하시며, 이는 우리가 평안한 쉼을 얻는 조건이라고 밝히고 있다. 그렇지만 우리는 온유와 겸손의 성품을 그렇게 높이 평가하지 않는다. 온유함은 강직을 내세워 경쟁에서 승리해야 하는 이 시대에 비겁함을 드러내는 뒤떨어진 마음이고, 겸손은 남보다 앞서가야 하는 자기 PR의 시대에 걸맞지 않는다. 그래서 성공과 명예를 얻고 부자가 되는 목표를 달성해야 하는 현대인에게는 이기적일 정도로 영악하고 어떤 역경에서도 승리하는 강인한 성품을 얻기를 더 바라고 있다. 하나님이 인간을 만드신 목적과 사람들이 인생의 목표로 삼은 것은 이처럼 판이하다. 사람들은 오직 이 땅에서 성공하고 부유하게 살기를 바라지만 하나님은 당신의 영광을 위해 하나님의 뜻을 좇아 살기를 바라신다. 여기에 크리스천의 고뇌가 있다. 삶의 목표는 세상 사람들과 다를 바 없지만 세상을 좇는 마음을 다스리는 일이 여간 어렵지 않기 때문이다. 그래서 예수님은 자신의 마음을 배우고 익히는 시간과 노력이 필요하다고 말씀하시는 것일 게다. 더불어 세상의 욕심을 이는 것에서 눈을 돌려 마음의 평안을 누리는 삶이 더욱 중요하다는 것을 진정으로 깨달아야 할 것이다.

마 18:3~4
이르시되 진실로 너희에게 이르노니 너희가 돌이켜 어린 아이들과 같이 되지 아니하면 결단코 천국에 들어가지 못하리라 그러므로 누구든지 이 어린 아이와 같이 자기를 낮추는 사람이 천국에서 큰 자니라 예수님 당시의 어린아이들은 여자들과 마찬가지로 성인 남성에 비교해 하찮게 여겨지던 존재였다. 그래서 제자들은 어린아이를 예수님 앞으로 데려오는 것을 막아서곤 했다. 그렇지만 예수님은 어린아이처럼 겸손한 마음을 갖지 않는다면 천국의 자격이 없을 것이라고 하시고, 이를 얻는다면 천국에 들어가서도 높은 지위에 있을 거라고 말씀하셨다. 이처럼 겸손의 덕목을 높이 평가하시는 이유는 무엇일까? 겸손을 뒤집어 보면 교만이 된다. 교만은 목이 뻣뻣하게 되어 자신을 높이 세우려는 태도를 말한다. 하나님이 교만을 싫어하시는 이유는 남보다 자기를 사랑하는 마음에서 드러나기 때문이 아닐까. 이는 성경을 관통하시는 하나님의 가르침과 배치가 된다. 자신을 사랑하는 마음에서 남을 멸시하고 자신의 유익을 위해 이웃에게 고통을 주는 행위는 가난하고 비천한 사람을 만드신 하나님을 격노케 하는 일이다. 이는 부자가 천국에 들어가는 일이 희귀한 일일 거라는 예수님의 말씀과 일맥상통하는 말이기도 하다. 부자들의 특징은 돈을 사랑하는 것 외에도 성품이 교만하다는 것이다. 막대한 부가 주는 권세를 믿고 가난한 자 앞에서 무례하고 뻣뻣한 태도를 보이는 부자를 연상하는 것은 어렵지 않다. 또한 하나님이 싫어하시는 교만 중에는 의의 교만이 들어 있다. 바리새인들과 서기관처럼 자신의 드높은 종교심을 사람들에게 자랑하고자 했던 이들은 예수님으로부터 결국 독사의 자식과 회칠한 무덤이라는 저주를 들어야 했다. 종교 행위의 목적이 하나님을 찬양하고 영광을 돌리는 것에서 벗어나 자신의 행위를 자랑하는 행위로 변질되는 이유도 의의 교만이 마음에 가득 차 있기 때문이다. 어쨌든 교만은 천국으로 가는 길에 걸림돌이 되는 성품이기에 우리가 그냥 방치해 둘 수 없다. 이의 해악을 알고 내버려 둔다면 뼈아픈 후회와 불행의 원인을 제공하게 될 것이다.

명예를 얻거나 부자가 되며 권력을 갖게 된다면 영혼이 점점 위태로운 상태가 된다. 이를 얻은 자는 예외 없이 교만에서 벗어나기 어렵기 때문이다. 그렇다고 평범하며 가난한 사람들이라고 안심할 수 없다. 영적 교만은 신분의 고하와 재산의 유무에 상관없이 순식간에 마음에 들어찬다. 모세의 인도로 애굽을 탈출했던 이스라엘 백성들은 늘 불평과 불만을 입에 붙이고 조금만 어려운 일이 닥치면 하나님을 원망하였다. 그래서 결국 그들은 가나안 땅에 들어가지 못했다. 겸손의 부족 역시 믿음의 결핍에서 잉태하기 때문이다. 겸손은 자신의 마음을 잘 다스리는 자가 얻는 열매이다. 관리를 하지 않고 방치한 땅에는 잡풀이 무성해지는 것처럼, 겸손을 유지하려고 애쓰지 않는다면 어느샌가 교만이 마음을 점령하게 될 것이다.

3) 탐욕을 버리는 마음

골 3:5
탐욕은 우상 숭배입니다

우상 숭배는 하나님이 가장 싫어하는 행위이다. 하나님은 애굽을 떠나 힘겨운 정복 전쟁을 통해 가나안에 입성한 이스라엘 백성에게 이방인의 우상을 섬긴다면 잔인한 벌을 내릴 것이라고 수도 없이 경고하시곤 했다. 그렇게 하나님이 가장 싫어하는 우상 숭배를 단지 탐욕의 성품에 붙이다니 이해하기 어렵다. 탐욕이 최고로 싫어하시는 나쁜 성품이라고 말하는 데에는 그만한 이유가 있다.

마 6:24
한 사람이 두 주인을 섬기지 못할 것이니 혹 이를 미워하고 저를
사랑하거나 혹 이를 중히 여기고 저를 경히 여김이라 너희가 하나
님과 재물을 겸하여 섬기지 못하느니라

탐욕은 지나친 욕심을 말한다. 탐욕이 나쁜 것인 줄 알지만 이를 제어하는 마음을 가진 사람은 드물다. 탐욕의 근원은 자기를 사랑하는 것이며 소유를 늘여 만족함을 채우거나 방탕과 쾌락을 즐기고 싶어 한다. 또한 탐욕은 불법과 불의한 수단을 가리지 않고 거짓과 절도, 살인, 폭력 등의 방법도 마다하지 않는다. 먹고사는 것이 늘 부족했던 조상들이야 절제하고 자족하는 마음으로 평안을 유지하려 했지만, 황금만능의 물질주의에 사는 우리들은 소비가 미덕이고 부자가 되고 싶은 것이 삶의 목표이다. 크리스천조차 자신의 탐욕을 채우기 위해 하나님을 이용하는 사람들이 적지 않다. 예수님은 우리에게 일용할 양식만을 구하라고 하셨지만 우리는 그럴 생각이 추호도 없다. 남과 비교해서 뒤떨어지지 않아야 하고 생존이 아니라 자신의 욕망을 이루는 수단이 기도라고 생각하기도 한다. 그렇지만 하나님의 생각은 우리와 다르다. 하나님은 재물과 자신 둘 중에서 하나를 선택해야 한다고 말씀하고 계신다. 재물은 타종교의 우상을 제치고 하나님 자리를 노리는 최고의 경쟁자이다. 하나님은 자신보다 더 사랑하는 것은 돈뿐만 아니라 부모 자식이라도 합당

하지 않다고 말하신다(마 10:37).

탐욕을 버리는 것이 어려운 이유는, 하나님이 우리의 삶을 지켜 주시며 성실한 노동만 한다면 충분히 먹고살 수 있는 환경을 보장해 주셨다는 믿음이 부족하기 때문이다. 이는 눈만 뜨면 보이고 귀만 열면 들리는 세상의 욕망을 거르지 않고 받아들이고 있어서이다. 우리 안에는 육체를 만족시키려는 욕망과 하나님의 영광을 위해 살려는 두 세력 간에 치열한 싸움이 날마다 벌어지고 있다. 성령과의 깊은 교제로 영적인 능력을 유지하지 않는다면 세상의 유혹에 휩쓸리기 십상이다. 즉 세상과 육체의 욕심을 버린다는 것은 하나님을 향한 믿음이 항상 충만한 상태를 유지하고 있어야 가능하다.

> 빌 4:11~13
> 내가 궁핍하므로 말하는 것이 아니니라 어떠한 형편에든지 나는 자족하기를 배웠노니 나는 비천에 처할 줄도 알고 풍부에 처할 줄도 알아 모든 일 곧 배부름과 배고픔과 풍부와 궁핍에도 처할 줄 아는 일체의 비결을 배웠노라 내게 능력주시는 자 안에서 내가 모든 것을 할 수 있느니라

지나친 욕심을 버리고 자신의 가진 것에 만족할 줄 아는 성품이 바로 자족이다. 사도바울은 어떤 삶의 환경에서도 부족하게 느끼지 않고 불만스럽지 않은 비결이 자족할 수 있는 능력이라고 밝혔다. 사실 사람의 욕심을 끝이 없다. 버스나 지하철을 이용하다가 경차라도 사면 기쁘지

만, 이내 중형차에 눈이 가는 게 사람의 마음이다. 전셋집을 옮겨 다니다가 15평짜리 임대아파트라도 내 집을 갖는 날이면 잠도 오지 않겠지만 40평짜리 너른 친구의 맨션아파트에 가 보면 만족은 오래가지 않는다. 이처럼 자신의 욕망은 끝이 없다. 만족과 평안을 유지하는 비결은 남과 비교하는 것에서 눈을 돌려, 먹고사는 것을 채워 주시는 하나님을 믿고 가진 것에 만족하는 성품을 길러야 할 것이다. 예수님을 찾아온 부자 청년은 어려서부터 올곧은 믿음으로 경건 생활을 성실하게 해 왔지만, 재산을 가난한 자에게 나눠 주고 자신을 따르라는 명령에 근심하며 머리를 흔들며 돌아가 버렸다. 욕심을 버리지 못해 결국 천국으로 들어가는 기회조차도 차 버린 것이다. 그렇지만 유대인들이 경멸해 마지않았던 세리장 삭개오는 예기치 못한 예수님의 방문에 즐거워하며 자신의 재산의 일부를 나누어주겠다고 공언했을 때 천국의 시민권을 얻을 수 있었다. 탐욕을 버리지 않는다면 하나님과의 동행은 말할 것도 없고 천국의 자격조차 얻을 수 없다. 어차피 이 세상의 소유는 임시적이고 일시적일 뿐이다. 그것들은 이 세상을 떠나게 될 때는 모두 버리고 가야 한다. 탐욕을 버리고 자족의 성품을 얻는 비결은 바로 영원한 천국의 소망에 눈을 떼지 않는 마음에 있다.

4) 맑고 깨끗한 마음

마 5:8
마음이 청결한 자는 복이 있나니 그들이 하나님을 볼 것임이요 서기관과 바리새인들이 희생적인 신앙생활에도 불구하고 예수님의 책망을 들은 이유는 그들의 마음과 내면의 동기가 불결했기 때문이다. 누구나 살다 보면 실수도 할 수 있고 분위기에 휩쓸려 죄를 지을 수도 있다. 그렇지만 마음의 동기나 내면의 세계가 하나님의 뜻에 어긋난다면 하나님의 동행하심은 꿈도 꾸지 말일이다. 이스라엘 사람들이 가장 추앙하는 성경의 위인이 바로 성군(聖君) 다윗이다. 그렇지만 그런 그도 죄 앞에 자유로웠던 것은 아니다. 밧세바와의 간음 사건으로 불륜 죄와 살인죄를 동시에 지었다. 그렇지만 그는 자신의 죄를 추궁하던 나단 선지자의 질책을 즉각 인정하였으며 죄의 대가를 달게 받았다. 시편에 기록한 그의 시들을 읽어 보면 하나님이 그를 얼마나 사랑하셨으며 하나님과 동행하는 삶을 살았는지 짐작하기 어렵지 않다. 예수님이 바리새인들과 논쟁할 때 다윗의 시를 들어 자신이 그리스도임을 증명했을 정도로 그는 하나님이 총애하신 인물이다. 그 이유는 하나님을 향한 견고한 믿음과 더불어 맑고 깨끗한 성품의 소유자이기 때문이 아닐까? 그는 이스라엘의 왕이라는 최고의 신분이었지만, 블레셋 진영에서 언약궤를 돌려받을 때 어린아이처럼 뛰며 기뻐했다. 그래서 속옷이 흘러내려 왕의 체통을 지키지 못했다며, 아내인 미갈의 책망을 들을 정도였다. 견고한 믿음을 보여 준 성경의 인물들은 적지 않지만 다윗처럼 맑고 깨끗한 성품의 소유자는 드물다. 그래서 하나님이 그를 기뻐하시고 가까이하시며 높이 세워 주신 것이다.

장관이나 차관급의 높은 관료직에 오르려면 청문회를 통해 검증을 받아야 한다. 이때에는 과거에 축재한 전력도 고스란히 드러나기 마련이

어서, 기독교를 종교를 가진 후보자들이 불법하고 불의한 방법으로 재산을 모은 일이 밝혀져 결국 사퇴(仕退)하게 된 경우가 적지 않았다. 물론 그때에는 토지의 차명구입이나 구입 목적의 거짓 증언, 주민등록의 허위기재 등의 탈법이나 편법이, 법망이 허술한 시절의 보편적인 재테크 수단이었다고 해도 도덕성이 의심받는 수단이나 방법은 크리스천으로서 떳떳한 일은 아니다. 특히 그들이 장로나 권사, 집사 등의 직책을 가진 중견 교회지도자였기에 더욱 씁쓸했다. 그들은 교회에서 자신들이 가진 사회적인 성공과 부를 주신 하나님께 감사하고 영광을 돌린다고 말했을지라도 하나님이 이를 흔쾌히 받아 주었을까 곰곰이 생각해 볼 일이다. 성경은 가난한 사람이 복이 있다고 말하고 있다. 그 이유는 부와 성공, 권력과 명예를 얻으려면 거짓과 뇌물, 불의한 청탁, 이권개입 등 불의하고 불법적인 일들에서 자유로울 수 없기 때문이 아닐까? 그렇기에 예수님은 비록 가난하고 낮은 신분일지라도 하나님 안에서 만족하며 사는 이들을 축복하시고 높이 평가하신다. 이들의 영혼은 맑고 깨끗하며 손이 청결하기 때문이다. 이들이 바로 하나님을 보게 되는 영광을 차지하게 될 것이라고 말하고 있다.

시 24:3~4

여호와의 산에 오를 자가 누구며 그의 거룩한 곳에 설 자가 누구인
가 곧 손이 깨끗하며 마음이 청결하며 뜻을 허탄한 데에 두지 아니
하며 거짓 맹세하지 아니하는 자로다

대부분의 크리스천들은 천국의 자격을 얻으며 하나님과 동행하는 삶

을 바라고 있지만 세상에서 잘되고 부유하게 사는 축복도 빼놓지 않고 있다. 물론 부유하게 사는 것을 하나님이 싫어하시는 것은 아니겠지만, 부와 명예, 권력을 추구하는 삶에는 으레 세상적인 방법과 인간적인 욕심이 들어오게 마련이다. 또한 부와 권력을 갖게 되면 이를 누리는 즐거움에 빠져 점점 쾌락과 방탕의 삶에 젖게 된다. 하나님의 동행과 이 세상에서의 축복, 이 둘을 동시에 얻게 되면 더 바랄 나위 없이 좋겠지만, 현실적으로는 지뢰밭을 걸어가는 위태로운 삶이 될 수밖에 없다. 아쉽겠지만, 둘 중 하나만을 선택해야 한다. 그렇기에 하나님은 세상의 쾌락과 탐욕에 휩쓸려 허탄한 곳에 뜻을 두지 말 것을 명령하시면서 동시에 손이 깨끗하며 마음이 청결한 자가 될 것을 요구하시고 있다. 이것을 갖춘 자가 여호와의 성산(聖山)에 오르는 영원한 승리자가 될 것이라고 말하고 있다.

3.

어떻게 부족한 성품을 고쳐 나갈 것인가?

부족한 성품을 고치는 것은 세상에 그 무엇보다 어려운 일이다. 그래서 "세 살 버릇 여든 간다."는 속담도 있을 정도이다. 그렇지만 그 말의 진위를 곱씹어 보면, 어렸을 때 부족한 성품을 성인이 되어서라도 고치려고 하지 않아서 그렇지 않았을까? 그렇지만 현실은 만만치 않다. 고등학교만 졸업하면 부모조차 자식을 가르치기 어려운데, 누가 이래라저래라 하겠는가. 간혹 세상의 변화를 감지 못한 순진한(?) 어르신이 학생들이 담배 피우는 것을 보고 훈계했다가 도리어 욕설을 듣는 일은 흔한 일이고 손찌검을 당하지 않으면 다행이다. 그런 세상인지라, 어른들은 청소년조차 가르치려 들지 않는다. 심지어는 학교에서조차 그들의 잘못된 성품을 눈감고 있는 실정이다. 그래서 이들은 인생 수업료를 과도하게 치른다. 아무도 고쳐 주지 않는 나쁜 성품 때문에 이들은 직장에서 왕따를 당하거나 해고당하며, 사회에서 실패를 반복하며 점점 외톨이가 된다. 그렇지만 삶의 구렁텅이에 빠졌어도 이들은 술을 친구 삼아 세상을 원망하고 불평할 뿐 실패의 원인을 찾아내어 고치려 들지 않는다. 원인과 이유가 무엇이든, 부족한 성품을 고치려 하지 않는다면 한 번뿐인 인생이 고단하고 팍팍할 뿐 아니라 천국에 들어갈 기회조차 없을 것이 분명하다.

1) 자신의 부족한 성품을 인정하라

알코올중독의 치료가 어려운 이유는 치료방법이나 약품의 부족 때문이 아니라 자신이 알코올에 중독되었다는 사실을 인정하지 않는 데 있다고 한다. 술에 대한 우리네의 관대한 관습 때문에도 그렇겠지만 부끄러운 모습을 받아들이지 않으려는 얄팍한 자존심이 인생을 막장까지 몰아넣는다. 부족한 성품을 고치는 게 어려운 데도 이와 다르지 않다. 자신의 부족한 성품을 끝내 인정하지 않기 때문에 고칠 기회조차 놓쳐 버린다. 물론 자신의 결함을 인정하는 것은 적잖은 용기가 필요하다. 이미 성인이 되어 버린 자신의 부족한 성품을 인정하려면 깊은 성찰이 필요하다. 그러므로 자신과 자신의 삶에 대한 조명(照明)이 전제되어야 한다. 그렇지만 현실은 녹록지 않다. 대부분의 현대인들이 그렇듯이, 정신없이 바쁜 삶에 내달리다 보면 정작 자신을 돌아보는 시간이 없다. 그래서 문제가 곪아 터져 평안한 삶에 브레이크가 걸리고 가정과 직장에 위태로운 상황에 이를 때에야 비로소 사태의 심각성을 깨닫게 된다.

누구나 완벽한 성품의 소유자는 없다. 인정은 많지만 게으른 자도 있고, 정직하지만 사랑이 부족한 이도 있다. 뒤끝은 없지만 성마른 성품의 소유자도 적지 않다. 방탕하거나 쾌락을 지나치게 좋아하는 이들도 있고, 탐욕스럽고 이기적인 이들도 적지 않다. 사업장과 직장에서 정직하지 않은 이들과, 가정에서 분노를 자제하지 못하고 가족에게 폭력을 휘두르는 남편들을 보는 것도 어렵지 않다. 쇼핑의 즐거움에 빠져 과소비와 충동구매를 일삼는 여성들도 흔하다. 도박이나 게임중독자는 참고 견디는 성품이 부족할 터이고 음란이나 불륜의 유혹에 쉽게 빠지는 사람은 청결한 성품이 필요한 사람들이다. 부족한 성품이 무엇이든 간에, 하나님이 싫어하시는 게 무엇인지 분명하게 깨닫고 인정하는 것이 변화의 첫걸음이다. 죄도 나쁘지만, 더 나쁜 것은 자신의 잘못을 인정하지 않는 것에 있다. 문제가 심각하든 아니면, 사소한 결함이든, 자신의 부족한 성품을 인정하고 내어놓는다면 이미 절반은 해결된 것과 다름이 없다.

2) 성령이 내주하시는 기도로 도움을 받으라

요 14:26
보혜사 곧 아버지께서 내 이름으로 보내실 성령 그가 너희에게 모든 것을 가르치고 내가 너희에게 말한 모든 것을 생각나게 하리라

사람들은 특별한 사건을 제외하고는 쉽게 잊는 경향이 있다. 특히 자신에게 불리하거나 부끄러운 행동은 더욱 빨리 잊으려고 한다. 부족한 성품을 고치지 못하는 이유는 이를 쉽게 잊어버리는 데 있다. 화를 벌컥 내고 폭력으로 배우자에게 상처를 준 남편은 그 당시는 후회하고 다시는 이러지 말아야겠다고 생각하지만, 그 결심은 오래가지 못한다. 감정을 격앙시키는 사건이 또 발생하면 으레 다시 분노를 일으킨다. 물론 그

런 일이 자주 일어나지 않겠지만, 수면 밑에 잠복해 있는 상태라 언제 어디서 폭발할지 모른다. 잘못을 후회하고 반성하고 또 잊고 다시 일으키는 일들이 삶의 여정에서 줄곧 반복되는 이유는 무엇일까? 그것은 잘못된 행위를 너무 쉽게 잊기 때문이다.

어린 시절에는 잘못할 때마다 부모나 교사가 이를 지적해서 책망하며 심지어는 고통스러운 체벌도 불사한다. 그래서 성경에는 따끔한 회초리가 마음 깊이 박혀서 오랫동안 기억하게 만든다고 한다. 잘못에 대한 처벌이 마음에 새겨져 잊혀지지 않기에, 잘못된 행위를 고치게 되고 부족한 성품이 점점 변화되는 것이다. 그렇지만 성인이 되면 아무도 이를 지적하는 사람이 없다. 위법한 행위에 대한 대가는 법에 의한 처벌을 받게 되고 부족한 성품은 쓰라린 후회와 함께 과도한 인생 수업료를 치르게 된다.

그렇지만 다행스럽게 성인이 되어서도 부족한 성품을 지적하고 훈계해 주는 이가 있다. 그는 다름 아닌 성령이시다. 성령이 내주하시게 되면 자신의 부족한 성품에 대한 양심의 가책과 책망이 끊임없이 계속된다. 물론 환상이나 꿈으로 말씀하시는 것이 아니라 마음속에서 자꾸 생각나게 하신다. 이는 하나님의 말씀이나 책망에 귀를 기울이는, 영적으로 민감한 태도를 유지하고 있어야 가능하다. 즉 성령이 내주하신다면 부족한 성품에 대한 책망과 더불어 거룩한 성품에 대한 깨달음을 주시기에 이를 고치고자 하는 동기와 자극이 되는 것이다. 성령의 책망이 있다고 하더라도 성품이 바뀌려면 오랜 시간이 걸리고 수많은 시행착오가 있게 마련이다. 그렇지만 언젠가는 변화될 수밖에 없다. 성령은 하나님이시기에 자신의 부족한 성품과 더불어 동거할 수 없다. 성령이 소멸되든가 아니면 부족한 성품이 고쳐지든가 둘 중의 하나이다. 결론적으로 성령이 내주하시는 기도를 꾸준히 유지할 수 있다면 부족한 성품을 고치는 건 시간문제이다.

3) 고치려는 노력은 자신의 몫이다

크리스천들이 잘못 생각하는 것 중의 하나가 기도로 자신의 할 일을 다 했다고 여기는 것이다. 기도만 했다고 자신이 해야 할 의무까지 하나님이 대신하시는 것은 아니다. 성령이 내주하시는 상태가 되면 자신의 부족한 성품을 깨닫게 하셔서 고치는 데 필요한 동기부여를 해 주신다. 그렇지만 여기까지가 하나님의 역할이다. 고치는 수고는 자신이 해야 한다. 만약 기도만 해도 나쁜 성품이 저절로 사라진다면 사람이 해야 할 일이 없어지는 셈이다. 마치 프로그램 칩이 부착된 로봇처럼 명령에 절대복종해서 살아간다는 것은 끔찍한 일이다. 그렇지만 그런 일은 없다. 하나님은 우리를 사랑하시기에 공포에 의한 복종이 아니라 자발적인 순종을 원하신다.

잘못된 행위를 하고 나서 후회하는 것은 누구나 경험하는 일이다. 그렇지만 시간이 지나면 쉽게 잊는다. 쉼 없는 기도로써 성령과 친밀하게 교제하는 사람은 성령이 주시는 책망에 민감하게 된다. 양심의 가책도 책망의 신호이다. 그렇기에 이를 흘려 넘기지 말고 고치려는 노력을 시도해야 한다. 짜증을 자주 내며 분노를 참지 못하는 사람이라면, 그때마다 기도하면서 성령의 도우심을 간구해야 할 것이다. 화가 치밀면 자리를 피하거나 상대방의 입장에서 이해하려고 노력해야 한다. 필자는 그럴 때마다 기도가 막힐 때 드러나는 중세인, 가슴이 답답하고 꽉막한 상태를 떠올리며 참으려고 애쓰곤 했다. 화를 내거나 짜증을 내면 성령이 소멸되어 평안이 사라지고 건조한 마음이 들기 때문에 늘 자책하며 후회하곤 했다. 이렇듯 성품이 변화되려면 오랜 시간과 적지 않은 시행착오를 각오해야 한다. 평생 자신과 더불어 살아왔던 것들이 쉽게 사라질 리는 만무하기 때문이다.

　중요한 것은, 실패를 거듭하고 시행착오를 반복하더라도 포기하지 말고 다시 시도해야 한다는 것이다. 이기적이거나 탐욕스러운 성품도 부와 명예를 추구하려는 세속적인 태도에서 영원한 삶을 지향하는 영적인 관점으로의 변화가 필요하며, 과소비와 충동구매 등 세상적인 즐거움을 얻으려는 과거의 행태도 성령과의 깊은 교제의 결과로서 영적인 기쁨과 평안을 알게 되면 자연스레 멀어지게 마련이다. 조급하고 절제하지 못하는 성품도 성령의 도우심과 더불어 썩어질 세상의 것들에서 눈을 돌리는 노력이 필요하다. 하나님이 주시는 평안과 즐거움을 누리는 법을 알게 되면 세상이 주는 유혹에서 자유로워질 수 있다. 그때까지 수 없는 시행착오와 반복되는 실패를 거쳐야 하는 과정으로 여기고 참고 견뎌야 할 것이다. 성령과 동행하는 삶의 유익을 생각한다면 어떤 어려움도 이겨내야만 할 것이다. 가치 있는 것들은 거저 얻어지는 게 없기 때문이다.

4.

하나님께 영광 돌리는 삶을 살라

믿음이 견고하다는 크리스천이라면, 누구나 자신의 삶의 목적이 하나님의 영광을 위함임을 밝히고 있다. 그렇지만 일상의 삶에서 매일매일 하나님의 영광을 고백하면서 살고 있는지를 살펴본다면 그 말의 진실성을 인정하기 어렵다. 사업에서 성공을 거두어 돈을 많이 벌었다든가, 바라던 상급학교에 입학하거나, 소원하는 회사에서 합격 통보를 받았을 때는 하나님께 영광을 돌리며 감사하며 찬양한다. 그렇지만 이런 일들은 긴 인생에서 보면 아주 짧은 순간에 불과하다. 대부분의 시간들은 무미건조한 일상의 쳇바퀴 속에서 무덤덤하게 흘려보내거나, 고통스럽고 힘겨운 날들로 채우게 된다. 그런 삶에도 불구하고 늘 하나님께 영광을 돌리는 사람들은 드물다. 기쁘고 행복하다고 느낄 때는 하나님께 영광을 돌리지만 그 시간들은 짧고, 일생의 대부분의 차지하는 긴 시간에는 정신없이 살아가기 바쁘다. 자신의 삶의 목적이 하나님의 영광에 있다고 큰 소리로 외치더라도 삶의 현장에서 이를 실천하지 않고 살아간다면 헛된 구호일 뿐이다. 하나님과 동행하며 살기를 원한다면 날마다의 생활 속에서 이를 드러내야 한다.

일상에서도 늘 하나님께 영광을 돌리라

고전 10:31
그런즉 너희가 먹든지 마시든지 무엇을 하든지 다 하나님의 영광
을 위하여 하라

교회에서 예배를 드리고 봉사하며 전도하는 등의 희생적인 신앙 행위
가 하나님께 영광을 돌리는 모습이라고 생각하기 쉽다. 물론 그럴 수도
있을 것이다. 그렇지만 하나님이 신앙 행위 자체만을 기뻐하신다고 하
신 적이 없다. 그보다는 행위 이전의 마음 자세가 하나님의 뜻에 합당해
야 한다. 하나님의 영이시기 때문에 행위보다 내면의 자세나 동기를 감
찰하신다. 우리는 보통, 예배 등의 희생적인 신앙 행위가 보통의 일상행
위보다 하나님이 더욱 영광을 받으실 것이라고 여기지만 하나님의 생각
은 다르다. 하나님은 교회에서의 신앙 행위뿐 아니라 직장이나 가정에
서의 일상의 삶에서도 동일하게 영광을 받기를 원하신다. 그렇지만 많
은 크리스천들은 주일날 교회에 와서 예배와 봉사를 열심히 하지만, 평
일에는 세상 사람과 다름없이 살아간다. 바울이 말한, 먹든지 마시든지
라는 표현은 교회에서의 신앙 행위뿐 아니라 일상의 생활에서도 하나님
의 영광을 위해 살아야 한다는 뜻이다. 일주일 중에 정해진 날짜에 정기
적인 예배 행위만을 반복한다면 하나님이 원하시는 삶에서 동떨어져 있
음이 분명하다.

하나님께 영광이라는 말을 종교적으로 받아들인다

필자는 오랜 평신도 시절 동안 '하나님께 영광'이라는 말과 멀리 떨어져 지냈다. 이 말뜻에 대해 부정적이지는 않았지만, 이는 위대한 믿음의 위인들의 입에나 오르는 말이라고 생각해서인지 평범한 나와는 어울리지 않는다고 생각했다. 간혹 신앙의 선배들이나 독실한 크리스천 유명인사의 입에서 이런 말을 들었을 때도 감동이 오지 않았다. 필자가 모르는 신앙관에서 나온 모습이라고 생각했다. 그렇지만 유독 필자만이 그런 생각이 드는 것일까?

> 고전 15:10
>
> 그러나 내가 나 된 것은 하나님의 은혜로 된 것이니 내게 주신 그
> 의 은혜가 헛되지 아니하여 내가 모든 사도보다 더 많이 수고하였
> 으나 내가 한 것이 아니요 오직 나와 함께 하신 하나님의 은혜로라

영광이라는 말뜻은 인간이 감당할 수 없는 초월한 빛, 하나님의 임재나 긍휼, 완전성을 찬양하며 높이 드러내는 행위로 '아름다움', '뛰어남', '명성'의 의미로 쓰인다. 즉 하나님의 은총으로 놀랍고 기쁜 일이 자신에게 임했을 때 사용하는 말이다. 그렇다면 우리가 하나님의 영광이란 의미를 평범한 일상의 삶에서 느끼지 못하는 이유는 하나님의 은혜에 대한 깊은 깨달음이 부족해서일 것이다. 바울은 이방인의 복음전파에 혁혁한 공을 세운 탁월한 믿음과 능력의 사도였지만 찬란한 명예와 칭송의 대부분은 후대의 일이었고, 당시에는 왜소하고 볼품없으며 말주변이 어눌한 전도자에 불과했다. 그는 그리운 고향과 사랑하는 부모 형제를

떠나 미래가 보장된 유복한 생활을 버리고 평생을 궁핍과 배고픔에 떨며 박해와 생명의 위협에 시달리다 순교했다. 세상의 평가로 치자면 개인적으로 불행했던 삶이다. 그럼에도 불구하고 그가 서릿발 같은 자긍심으로 살아갈 수 있었던 것은 가혹한 환경과 험난한 삶에서 겪은 것들조차 긍정적인 사고방식으로 하나님이 주신 은혜로 기꺼이 받아들였기 때문이다.

우리가 하나님의 영광이라는 뜻을 일상의 삶에서 친근하게 느낄 수 없는 이유는 희생적인 신앙 행위만이 하나님을 기쁘시게 하는 것이라는 종교적인 관념에서 비롯된 결과이다. 하나님이 우리를 지으신 이유는, 현장의 삶에서 하나님의 뜻대로 살아가는 모습을 원하시는 것이지, 일상에서는 하나님을 잊고 살면서 정기적인 예배만을 반복하는 종교 행위를 바라시는 게 아니다. 그러므로 하나님께 영광을 돌리는 삶이 되려면 영광이라는 말에서 느끼는 막연한 거부감을 버리고 삶의 현장에서 하나님과 깊고 친밀한 교제를 통해 그분의 향기로운 체취에 익숙해져야 할 것이다. 하나님은 높고 웅장한 교회의 건물 안에만 거주하시는 분이 아니라 언제 어디서나 자신을 찾는 누구에게나 반갑게 만나 주시는 분이시며, 하나님이 통치하시는 그분의 나라는 멀고 먼 우주의 한쪽 끝에 세워진 게 아니라 우리 마음속에 존재하기 때문이다.

5.

어떻게 하나님께 영광 돌리는 삶을 실천할 것인가?

　예전에 필자가 살던 아파트 근처의 유등천(柳等川)에는 야생오리들이 살고 있다. 이들은 겨울을 나면 북쪽의 고향으로 돌아가야 하는 철새지만 그중 몇몇은 일 년 내내 살면서 새끼를 키우는 등 텃새처럼 행세한다. 가끔 산책하다 보면 늦은 밤에도 아랑곳없이 연신 물장구를 치면서 먹이활동을 하고 있다. 사람을 제외하고 하나님이 지으신 모든 생물들은 이렇게 생존하고 자손을 번식하는 일에 일생을 다 보낸다. 이들의 존재 이유는 대자연의 다양한 풍요로움과 경이로운 아름다움을 나타내기 위함일 것이다. 그렇기에 생존하고 번식하는 일 이외에 다른 관심이 없다. 하나님은 그들이 자연 속에서 평화로운 삶을 영위하는 것만으로도 흡족해하시며 영광을 받으시기 때문이다. 그렇지만 사람은 아니다. 사람은 육체와 혼(魂)만 있는 다른 동물과 다르게 육체와 영혼(靈魂)을 주셨다. 그래서 동물들이 죽으면 육체와 혼은 땅속으로 사라지지만 사람은 영(靈)이 있어 영원한 세상으로 떠나게 된다(전 3:21). 즉 사람은 다른 생물과는 다르게 존재하는 것만으로 하나님이 영광을 받으시는 게 아니라 자발적이고 적극적으로 영광을 받고 싶어 하시는 것이 다르다. 이처럼 하신 이유는 사람을 당신과 닮게 지으셨기에 가장 아끼고 사랑하시기 때문이다.

1) 하나님의 은혜를 깨달으라

일상의 삶에서 하나님께 영광을 돌리는 삶의 시작은 그 은혜를 깨닫는 것에 있다. 오늘 하루를 살면서 자신이 누리는 삶에서 하나님의 은혜를 느껴 보았는가? 대부분의 사람들은 오늘도 다른 날과 별다르지 않게 학교나 직장, 가정에서 평범하게 일상을 보냈을 것이다. 평생 굶고 살아 보지 않았기에 오늘도 맛있는 식사를 했지만 당연한 일과에 불과하다. 전쟁을 경험해 본 일이 없기에 생명의 위협이 존재하는 불안과 공포에 대해 무지하다. 3평짜리 쪽방이든 너른 맨션아파트이든, 추위와 비바람을 피하고 발 뻗고 누울 공간이 있기에 밤이 두렵지 않다. 풍족하게 살지는 않지만 태어나서 의식주를 걱정해 본 일이 없기에 절대빈곤의 암울한 처지가 어떤지 모르고 산다. 이렇듯, 늘 당연하게 누리고 있는 삶에 대해 하나님의 은혜를 느껴 보았는가? 아주 가끔 그런 적이 있는지는 모르지만 항상은 아니다. 이처럼 우리는 최소한의 의식주를 상징하는 일용할 양식을 주시는 하나님의 손길을 잊고 산다.

조선 시대는 물론이고 백여 년 전의 구한말 시대에도 우리네 가장들은 식구들을 굶기지 않는다면 유능한 아버지란 평판을 받았다. 지금 이 시대에도 굶지 않고 사는 나라들은 그리 많지 않다. 유럽의 몇몇 부유한 나라들을 빼놓고 아프리카나 아시아, 남미에는 아직도 굶주린 이들이 많다. 우리나라는 일거리가 없는 실업자가 아니라 노동을 기피하는 노숙자조차 굶어 죽지 않는다. 그런 나라에서 태어나 의식주 걱정을 하지 않고 살고 있지만 우리는 늘 불평을 입에 달고 살고 삶의 처지가 불만스럽다. 우리가 비교하는 대상은 나보다 부유한 이들이기 때문이다. 아무리 재산이 많은 부자일지라도 자신보다 더 큰 부자는 언제나 존재한다. 비교 대상을 바꾸지 않는다면 평생 만족할 수 없을 것이다.

예전에 필자는 풍치로 인해 여러 개의 이빨을 뽑아냈고 고통스런 치아 공사(?)를 끊임없이 했던 적이 있다. 그전에는 사실 먹는 즐거움을 준 건강한 치아를 당연하게만 생각했었다. 그래도 다른 건강에는 별다른 문제가 없다. 그렇지만 육십이 넘어 면역력이 떨어지는 지금의 나이가 되어서야 비로소 여태껏 건강을 지켜 주신 하나님의 은혜를 생각하게 되었으니 참 배은망덕하다. 어디 그뿐일까? 학교를 졸업하고 군에 다녀와서 근 십여 년은 좋은 직장과 직업을 내 입맛대로 선택하는 즐거운 처지였다. 사업을 시작해서도 좋은 조건으로 오라는 직장이 여기저기 있었지만 거절할 정도였다. 그러다가 사업실패로 인한 빚까지 쌓여 오랫동안 내리막길을 걸었다. 막노동에 허드렛일까지 마다하지 않았지만 경제 사정은 예전 상태로 회복되지 않았다. 이제야 지난 삶을 돌이켜볼 때 좋았던 직장 시절이 그립다. 그렇지만 그 시절로 돌아간대도 여전히 만족하지 못할 것이다. 사람들은 하나님의 은혜를 언제나 잊고 살기 때문이다. 우리는 항상 없는 것에 대한 불편을 늘어놓기 일쑤지만 평안한 삶을 누리게 하시는 하나님의 은혜에는 이처럼 무지하다.

풍족하게 먹고사는 환경만 생각한다면 하나님의 은혜에 대해 반도 모르는 것일 게다. 우리는 이 땅에서 천년만년 사는 게 아니다. 그리 길지 않은 이생의 삶이 끝나면 심판대 앞에 서야 하고, 그 후에는 지옥과 천국의 길로 갈라서야 한다고 성경은 말하고 있다. 물론 세상 사람들은 믿고 싶지 않겠지만, 믿고 싶지 않은 것과 진리가 존재하는 것은 별개의 문제이다. 영혼은 불멸하기에, 이 땅에서 살아온 결과에 따라 영원한 삶이 정해진다면 심각한 문제이다. 당신의 자녀인 우리를 끔찍이 사랑하셔서, 인간의 몸으로 이 땅에 오시고 우리의 죄를 대신하여 십자가에 돌아가심으로 심판을 면제해 주신 분이 다름 아닌 예수 그리스도시다. 우리는 단지 그분을 믿음으로 말미암아 끔찍한 지옥으로 들어갈 수밖에 없는 운명을 천국의 백성으로 바꾸어 주셨다. 하나님의 사랑과 예수 그리스도의 희생이 없었더라면 우리의 운명은 어떠했을까? 상상만 해도 몸서리가 쳐지는 일이다. 놀라운 하나님의 사랑과 그리스도의 은혜를 생각해 본다면, 우리가 하나님을 섬기느라 재물과 시간, 노력을 투자하는 일은 아주 사소한 일이다. 어쩌면 하나님을 기쁘시게 하느라 세상의 즐거움과 욕심을 거둔 행위는 아무에게도 말할 가치도 없다. 그렇지만 우리는 하나님을 섬기느라 주일성수에 십일조를 포함한 헌금, 각종 봉사와 전도 행위를 자랑하고 싶어 안달이다. 이 땅에서 평안하고 넉넉하게 살게 해 주신 하나님의 은혜는 영원한 천국을 예비해 주신 것에 비하면 아무것도 아니다. 그렇지만 세상은 눈에 보이고 천국은 가보지 않았기에 우리는 늘 하나님의 은혜를 잊고 산다. 우리의 영혼을 이처럼 사랑하시는 하나님의 은혜를 깨닫지 못하면서, 도와주시고 보살펴주시는 그분의 손길을 느낀다는 것은 어불성설일 게다.

2) 언제나 감사하라

살전 5:18
범사에 감사하라 이것이 그리스도 예수 안에서 너희를 향하신 하
나님의 뜻이니라

감사에 대한 하나님의 뜻은 어떤 환경이나 처지에 있든지 상관없이 감
사하는 것이다. 그렇지만 우리는 감사할 조건이 생길 때에만 감사하곤
한다. 그것은 하나님을 모른 세상 사람들도 다 하는 일이다. 우리의 삶
에서 감사하는 일이 점점 사라지는 것은 감사의 조건이 세상 사람들의
눈높이에 따라 덩달아 높아지기 때문이다. 대기업이나 공무원, 교사처
럼 높은 연봉이나 안정적인 직장에 입사하면 하나님을 향해 감사가 절
로 나오지만 그저 그런 중견기업이나 환경이 열악한 중소기업에 취업을
하면, 입사한 사실조차 알리기를 꺼려 한다. 최신식으로 멋지게 지은 40
평짜리 아파트에 입주를 하면 목회자를 불러 입주감사예배를 드리며 기
뻐하지만 15평짜리 반지하에 월세로 이사하면 누가 알까 두려워 쉬쉬하
곤 한다. 사는 집의 평수에 따라 인격이나 믿음이 정비례하는 것은 아니
지만 궁핍하게 사는 것이 부끄러운 일이라고 생각한다. 그렇지만 반지
하의 작은 방이라도 하나님께서 마련해 주셨다는 것을 깨닫지 못한다면
60평짜리의 너른 아파트에 살더라도 감사하지 못한다. 자녀가 의대에
들어가 의사가 되거나 사법고시에 합격해 판검사, 혹은 변호사가 되었
다면 하나님께 감사하겠지만, 겨우 고등학교를 나와 공장에서 기름때를
묻히는 생산직 직원이 된 사실을 부끄러워한다면 감사를 찾아내기 어려

울 것이다. 그렇지만 하나님은 자녀를 부모의 가슴에 붙이는 훈장으로 주신 것이 아니라 고단한 인생의 반가운 선물로 주셨다.

어떤 사람들은 일상의 삶에서 감사가 사라진 이유로 감사할 조건을 찾지 못해서라고 한다. 대다수의 사람들이 공감하는 이유이다. 물론 그렇기도 할 것이다. 사소한 일에도 감사할 조건을 찾아낸다면 불평이 사라지고 감사하는 삶이 될 것이다. 그렇지만 이 역시 하나님의 뜻에 정확하게 맞는 말이 아니다. 하나님은 늘 감사하라고 하셨으니까 말이다. 그렇다면 아무리 사소한 것이라도 감사할 조건을 찾아내지 못했어도 상관없이 감사하라는 뜻이다. 하나님이 말씀하시는 감사는 어떤 조건에서 나오는 감사가 아니라, 하나님의 자녀로 살아가는 그 자체로 감사하는 삶이 되어야 한다는 말이다. 그렇다면 우리가 누리는 라이프 스타일을 제공해 주는 고수익의 직업, 탁월한 건강, 순종적인 자녀, 흠잡을 데 없는 신체조건 등과 전혀 상관없이 이 세상에 살고 있는 것만으로 감사해야 한다. 물론 이는 쉬운 일이 아니다. 뼈 빠지게 일하지만 입에 풀칠하기 어려운 생활고에 시달리며, 치료비가 없어 변변한 치료조차 못 받아 건강이 날이 갈수록 나빠지는 처지에, 한낮에도 불을 켜야 하는 반지하 월셋방을 전전하고 있다면, 당신 같으면 감사가 입에서 튀어나오겠는가?

성경은 부자가 천국에 들어가는 것은 희귀한 일이고 천국에 초청한 사람은 많되 선택된 사람은 적다고 한다. 그래서 생명으로 인도하는 문은 좁으며 그 길을 가는 사람은 적다고 덧붙이고 있다. 우리는 감사의 조건으로 이 땅에서 먹고사는 생활환경을 들이대고 있지만 그건 단지 우리의 생각일 뿐이다. 하나님이 기뻐하시는 감사는 범사(凡事: 모든 일)에 감사하라는 말뿐이다. 그것은 이 땅에서의 흡족한 생활환경이 아니라, 단지 먹고살 수 있는 일용할 양식에 만족하며 영원한 천국에 들어갈 자격이 주어진 것을 생각하면 어떤 환경이나 상황에 있더라도 감사해야 한다는 말이다. 그 말을 성경에 기록한 바울사도는 그 누구보다 어려운 처지였다. 그는 겨우 옷 한 벌에 추위를 가리며 굶기를 밥 먹듯이 하며 지냈으며, 선교여행 중에 노상에서 잠들기를 마다하지 않고 동굴이라도 발견하며 즐거워했을 것이니 반지하 월셋방을 궁궐처럼 여겼을 것이다. 그럼에도 불구하고 그가 항상 감사하라고 했던 이유는 영원한 생명책에 이름이 기록된 것을 기억하며 기뻐하라고 했음이다. 문제는 그의 말이 단지 열악한 환경에서 생존하기 위한 개인적인 조언이 아니라 성경에 기록된 하나님의 말씀이라는 데 있다. 궁극적인 하나님의 은혜를 깨닫는 것은 이 땅에서의 만족이 아니라 영원한 천국의 삶에 있다. 우리가 일상의 삶에서 감사가 사라진 이유는 천국을 잊고 살기 때문이 아닐까?

3) 마음속 깊이 찬양하라

크리스천이 즐겨 쓰는 인사말인 할렐루야는 여호와를 찬양하라는 히브리어를 음역한 말이다. 우리는 이 말을 반가운 교인을 만났을 때나 각종 예배나 찬양 집회에서 즐겨 사용한다. 그렇지만 이 인사를 건네면서, 마음 깊은 곳에서 하나님에 대한 찬양을 드러내고 있을까? 야훼라는 단어조차 입에 올리기 두려워했던 옛 유대인의 경외심과는 달리, 지금은 크리스천들이 같은 종교를 가진 동료의식을 확인하는 일상의 표현으로 전락되어 버렸는지도 모를 일이다. 어쨌든 할렐루야는 많은 크리스천이 사용하고는 있지만, 그 뜻이 점차 퇴색되어 지극히 평범한 인사말로 변질되고 있는 것 같아 안타깝다.

일상의 삶에서 하나님께 영광을 돌리는 표현은 그리 거창하지 않다. 사소한 일까지 간섭하시며 도와주시는 하나님의 은혜를 깨닫고 감사하며 찬양하는 일련의 행위가 동시에 일어나거나 중복되어 발생한다. 감사하면서 은혜를 깨닫기도 하고 찬양과 감사가 동시에 터져 나온다. 그렇지만 하나님의 은혜를 깨닫게 되면 감사가 연이어 나오고 찬양으로 마무리를 짓게 되는 일이 일반적이다. 즉 마음 깊은 곳에서 찬양이 끊이질 않는다면 하나님께 영광을 돌리는 삶을 사는 증거일 것이다. 그렇지만 찬양하는 삶을 습관으로 들이게 되기까지는 적지 않은 시간과 깨달음이 필요하다. 거꾸로 찬양하는 삶이 몸에 저절로 배어 있다면 놀라운 능력의 소유자가 되었다고 해도 과언이 아니다. 하나님과 동행하심을 이루었기 때문이다.

행 16:24~25
그가 이러한 명령을 받아 그들을 깊은 옥에 가두고 그 발을 차꼬에 든든히 채웠더니 한밤중에 바울과 실라가 기도하고 하나님을 찬송하매 죄수들이 듣더라

바울과 실라는 빌립보에서 전도하다가 박해를 받아 잡혀서 채찍으로 심하게 맞은 후에 감옥에 갇혔다. 누구나 낯선 땅에서 이런 최악의 상황

을 맞닥뜨리면 극도의 두려움과 불안감이 숨도 쉬지 못하게 될 것이다. 그렇지만 이들은 생명이 위협을 받는 최악의 상황에서도 하나님께 기도하며 찬양을 드렸다. 그 결과는 하나님의 도우심으로 옥문이 열리는 기적을 경험하게 된다. 물론 그들이 옥에서 벗어나게 해 달라고 기도하고 찬양을 드린 것은 아니지만 놀라운 하나님의 도우심을 확인한 셈이다. 우리는 성경을 읽으면서 이 사건을 수도 없이 지나치지만, 정작 그 처지에 되었을 때 하나님을 찬양할 수 있는 사람이 도대체 몇 사람이 될까? 목숨을 위협받는 상황에서 최악의 두려움에 직면해서도 하나님을 찬양하는 사람이라면 평소의 일상의 삶에서 하나님을 찬양하는 습관이 몸에 밴 사람임에 틀림없다.

성경을 통틀어 하나님께 최고의 찬양을 드린 인물은 다윗이다. 그는 이스라엘 왕이 되어 부와 명예를 주심을 감사해서 찬양을 드린 게 아니다. 사울 왕의 질투를 받아 온갖 고초를 당하고 쫓겨 다니면서 하나님의 도우심을 느꼈으며, 왕이 된 후에도 왕자들의 싸움으로 마음이 편치 못했고 심지어는 그토록 아끼고 사랑하던 아들 압살롬의 반란으로 늙은 몸을 이끌고 도망 다녀야 했다. 그럼에도 불구하고 일생 동안 하나님을 찬양하며 살았던 이유는 왕의 자리에 앉혀 주신 하나님께 감사해서가 아니라 일생의 가혹한 고난과 핍박 가운데도 하나님의 자비와 은혜를 몸소 체험했기 때문이다. 하나님께 영광을 돌리는 삶을 작정하는 크리스천은 많지만 정작 일상의 삶에서 하나님께 찬양하는 삶을 살아가는 사람은 많지 않다. 하나님은 우리가 경이로운 믿음의 행위로 영광을 돌리는 것을 원하시는 분이 아니다. 그렇다면 희생적인 신앙 행위를 반복했던 바리새인과 서기관들이 칭송받았어야 마땅했다. 하나님은 다만 우리의 마음을 얻기를 원하신다. 그래서 하나님의 은혜를 수시로 깨닫고 사소한 일에도 감사하며 영원한 생명을 얻게 해 주신 하나님을 찬양하기를 원하신다. 일상의 삶에서 하나님과 동행하는 비결은 다른데 있는 게 아니다. 마음 깊은 곳에서 하나님을 찬양하는 습관을 들였다면 하나님이 통치하시고 다스리는 하나님의 나라가 이루어진 것이다.

6.

하나님을 기쁘시게 하는 사람이 되라

　예전에 휴가차 들렀던 부산의 친척에게 들었던 이야기이다. 아파트 뒷산에 등산을 자주 다니던 과부 할머니가 어느 날 같은 처지의 홀아비 할아버지와 가깝게 지내게 되었다. 이들은 배우자를 먼저 보내고 쓸쓸한 노년을 보내던 차에, 등산을 마치면 같이 차도 마시고 가끔씩 식사도 하면서 서로의 외로운 처지를 격려해 주고 시름을 덜어 주면서 친구로 지냈다. 그렇게 어느 정도 시간이 지났을 때 할아버지는 할머니의 통장 계좌를 알려 달라고 졸라댔다. 처음에는 뚱딴지같은 요청에 들은 척도 하지 않았지만 하도 귀찮게 하자 거래가 거의 없는 통장계좌를 일러 주고 이내 그 일을 잊어버렸다. 그리고 얼마의 시간이 흐른 후에 문득 통장 내역을 확인한 할머니는 깜짝 놀랐다. 그 통장에 무려 2억 원이라는 거액이 입금되었기 때문이다. 그와 동시에 할아버지는 산에서 자취를 감추었다. 거액의 돈이 부담이 된 할머니는 돈을 돌려주려고 그 할아버지의 주소를 수소문해서 집을 찾아갔으나 이미 할아버지는 이 세상을 뜬 후였다. 할아버지는 말기 암 판정을 받고 좌절과 실망에 휩싸여 지내다가 바람이라도 쐴 겸 등산이라도 다니라는 자식들의 말에 뒷산에 갔다가 이 할머니를 만나게 된 것이다. 그래서 찾아드는 생명을 잠시나마 기쁘게 해 준 할머니에게 감사하는 마음으로 돈을 보내고 이 땅을 떠났던 것이다. 그렇지만 이 할머니는 자신과 상관없는 돈을 받을 수 없다고 막무가내로 자녀들에게 돌려주고 돌아왔다. 그러나 이내 자녀들은 한술 더 떠서 오천만 원을 더 얹어 돌려주고야 말았다. 자식들이 못다 한 효도를 대신해 준 할머니에 대한 자신들의 정성의 표시라는 말을 덧붙여서. 감정이 메마른 세상에 한줄기 단비와 같은 감동적인 이야기이다. 이렇게 사람들은 자신을 기쁘게 한 이들에게 호의를 베풀기를 주저하지 않는다. 하나님이라면 더욱 기뻐하셔서 마냥 좋은 것으로 풍성하게 넘치게 해 주실 것이 분명하다.

요 8:29
나를 보내신 이가 나와 함께 하시도다 나는 항상 그가 기뻐하시는
일을 행하므로 나를 혼자 두지 아니하셨느니라

예수님과 하나님이 동일한 분이라는 것은 기독교의 가장 중요한 교리이다. 여기다가 성령님과 함께 삼위(三位), 즉 세 분이 일체(一體), 한 분이라는 교리는 다른 종교에서 찾아볼 수 없는 독특한 내용이다. 아시다시피, 예수님이 그리스도라는 증거는, 사람으로서는 도저히 할 수 없는 놀라운 기적과 이적의 일을 보고 평가하라고 하셨다. 이러한 자신감은 어디서 나왔을까? 자신 안에 계신 전능하신 하나님의 능력을 믿고 있기에 가능한 것이다. 그렇다면 하나님이 예수님 안에 계시며 늘 동행했던 조건은 무엇일까? 그 해답은 하나님이 기뻐하시는 일을 행하므로 함께 하셨다는 말로 대신한다. 그렇다면 여기에서 하나님이 동행하시는 비결을 알 수 있다. 하나님이 기뻐하시는 일을 행한다면 늘 우리와 함께하실 것이 분명하다.

1) 견고한 믿음은 하나님을 기쁘게 한다

> 히 11:6
> 믿음이 없이는 하나님을 기쁘시게 하지 못하나니 하나님께 나아
> 가는 자는 반드시 그가 계신 것과 또한 그가 자기를 찾는 자들에게
> 상 주시는 이심을 믿어야 할지니라

믿음은 하나님과 관계를 맺는 주요한 도구이기에 믿음을 통해 하나님과 친근하게 교제할 수도 있고 놀라운 능력의 소유자도 될 수 있다. 그래서 크리스천이라면 예외 없이 큰 믿음을 갖기를 소망한다. 그렇지만 믿음의 크기는 눈으로 볼 수도 없으며 과학적인 방법으로 측정할 수 없기에, 말하는 이마다 각기 다른 믿음의 조건을 나열하기도 하고 자신의 입맛대로 믿음을 키우는 방법을 제시하기도 한다. 예수님은 겨자씨만 한 작은 믿음만 있더라도 산을 옮기는 커다란 능력의 소유자가 될 것은 물론이고 자신보다 더 큰 일도 할 것이라고 말씀하셨지만 이러한 능력을 경험하는 것은 희귀한 일이다. 우리가 생각하는 믿음과 예수님께서 제시하는 믿음과는 큰 차이가 있음이 분명하다. 그러므로 하나님이 기뻐하시는 믿음을 정확히 알고 있다면 놀라운 능력을 얻는 8부 능선은 넘은 셈이다.

믿음에는 서로 다른 출처가 있다

시내버스 정류장에서 사람들이 버스를 기다리는 이유는 자신이 원하는 방향의 버스가 그 자리에 정차한다는 것을 확신하기 때문이다. 시내버스의 번호와 경유지가 이미 시민들에게 공개되었기에 당연한 일이지만, 그 버스가 정차한다는 사실은 자신이 직접 여러 차례 경험해 보면서 확신을 갖게 된다. 즉 그 시내버스가 분명히 올 것을 확신하며 기다리는 믿음은 공공기관의 약속과 자신의 경험에 기인한다. 그래서 버스가 오랫동안 오지 않으면 분통을 터뜨리기도 하며 불만스러워하는 것도 이러한 믿음의 기대치를 저버리기 때문이다. 지식과 경험을 통해 믿음을 갖게 되는 것은 일반적인 일이다. 대부분의 사람들이 정치가를 불신하는 이유는 오랫동안 지켜보면서 거짓말을 일삼고 약속을 뒤집는 것은 쉽게 하는 것을 보고 얻은 경험에서 연유한 탓이다. 이렇듯 사물과 사람들에 대한 믿음은 그동안 쌓은 지식과 경험을 토대로 얻어진다. 그러한 믿음이 견고해지거나 약해지는 것은 자신에게 있는 것이 아니라 상대에게 있다. 만일 배우자가 결혼해서 성실하게 생활하는 시간이 지속된다면 믿음도 이에 따라 단단해지겠지만, 방탕이나 폭력, 불륜 등으로 이를 깨는 사건들이 벌어진다면 믿음 역시 약해진다. 물론 그 후에 다시 사랑과 성실함을 보인다면 믿음이 다시 회복될 수도 있지만 그렇지 않다면 이혼으로 치달을 수도 있다. 이처럼 우리가 세상에서 얻는 확신이나 믿음의 출처는 자신이 그간 얻은 지식과 경험의 산물이다.

그렇지만 이와 반대로 하나님과의 믿음은 자신이 열쇠를 가지고 있다. 하나님은 약속을 바꾸시고 거짓말도 하지 않는 분이다. 즉 절대불변의 성품을 가지신 분이시기에 믿음의 크기는 자신에게 달려 있다. 세상에서의 믿음의 상대는 눈으로 관찰할 수 있으며 경험으로 믿음의 측정이 가능하다. 그렇지만 하나님은 영이시므로 영적으로 만나야 하기에 만만치 않은 일이다. 결국 하나님에 대한 믿음의 크기는 자신이 영적으로 하나님을 만나고 교제하는 빈도나 깊이에 달려 있다. 물론 이러한 믿음의 공급원은 하나님이시라고 성경은 말하고 있다. 그렇다면 그냥 얻어지는 것이 아니다. 즉 거저 얻어지는 하나님의 선물이지만 영적인 눈이 떠지고 영적으로 깨어 있는 사람들만이 하나님이 공급하시는 믿음을 얻을 수 있다. 이처럼 세상에서 얻는 확신은 그간의 지식과 경험에서 얻어지지만, 하나님에 대한 믿음은 영적인 눈을 통해 얻어진다. 믿음의 출처가 다른 까닭이다.

하나님에 대한 믿음이라도 그 공급원이 하나님이 아니라 자신의 견고한 의지와 마인드 컨트롤 등의 방법을 통해 얻어지는 것도 있다. 그간 베스트셀러가 되었던 《긍정적인 사고방식》이나 《긍정의 힘》 등이 그것이다. 자신의 마음을 다스리고 의지를 강건케 함으로 긍정적이고 적극적인 믿음을 갖고 세상의 삶에 적용하면 풍성한 열매를 갖게 된다는 투의 말이다. 이들은 유명한 대형교회의 담임목사에다 베스트셀러 저자이므로 이들의 주장이 교회와 크리스천에게 많은 영향력을 끼치고 있는 것도 사실이다. 물론 견고한 믿음을 얻기 위해 긍정적이고 적극적인 자세를 갖는 것은 중요하다. 그러나 믿음의 목적이 하나님의 뜻에 합당해야 한다는 전제를 소홀해서는 안 된다. 믿음을 통해 얻고자 하는 목적이 단지 세상에서의 축복이나 성공, 명예, 권력이라면 하나님의 도움을 기대할 수 없다. 하나님은 지상적이고 현세적인 축복보다 일용할 양식에 만족하고 영원한 천국에 소망을 두고 당신의 의와 나라를 위해 믿음을 구하라고 하셨기 때문이다. 이러한 하나님의 뜻에 합당하지 않다면 아무리 적극적이고 긍정적인 믿음을 얻기 위해 노력과 투지를 불사른다 할지라도 그 공급원은 하나님이 아니라 자기 자신이 될 것이다. 이처럼 무늬가 비슷한 믿음일지라도 출처가 다르다면 하나님의 동행하심을 경험할 수 없다.

같은 믿음에도 등급의 차이가 있다

짐작하고 있겠지만, 크리스천이라고 믿음이 다 같은 것은 아니다. 또한 신앙의 연륜이 오래된 순서나 직분의 경중에 따라 믿음의 크기가 정비례하는 것은 아니다. 그렇지만 이를 측정하는 일 역시 만만하지 않다. 믿음의 크기는 눈으로 보이지 않기 때문이다. 그러나 믿음은 행위로 어느 정도 윤곽을 드러내기에 성경의 기준이나 신앙의 깨달음을 가지고 나름대로 가늠해 볼 수 있다.

믿음의 등급을 재는 잣대는 그들이 보여 주는 신앙 행위에서 찾아볼 수가 있다. 초급자는 단지 예수님이 그리스도라는 것을 믿으며 주일에 성경책을 끼고 교회에 가서 예배를 드리는 것에 만족한다. 예수님이 하나님의 아들이며 우리를 구원해 주시는 그리스도임을 믿는 것은 견고한 믿음의 토대임에 틀림이 없다. 그렇지만 믿음을 드러내는 행위가 주일에 교회를 찾아 예배를 드리는 행위에 불과하다면 믿음의 걸음마를 배우는 초급자일 뿐이다.

정도의 차이는 있겠지만, 적지 않은 크리스천이 믿음의 중급자의 카테고리에 속할 것이다. 이들 믿음의 수준은 자신이 처한 삶의 환경과 밀접한 관계를 가지고 있다. 그래서 삶의 변화에 따라 기복이 심하다. 즉 축복과 성공, 건강, 자녀의 잘됨 등 자신이 소원하고 누리고자 하는 삶이 만족스럽다면 성실한 예배, 아낌없는 헌금과 각종 기도회와 봉사단체의 참여 등 희생적인 신앙 행위를 유지하는 믿음을 소유하고 있지만, 그 반대로 사업에서 실패하거나 직장에서 해고당해 재정적으로 궁핍하며 건강이 나빠지는 등 불행한 일들로 인해 삶의 질이 떨어진다면 믿음도 정비례해서 추락한다. 불행한 사건들이 겹치고 삶의 환경이 악화된다면 예배를 드리는 횟수가 줄고 희생적인 신앙 행위가 현저히 줄어들 것이다. 시간이 지나 삶이 회복되고 생활환경이 나아진다면 예전의 믿음으로 돌아가기도 한다. 유한하고 연약한 몸과 정신을 지닌 인간이기에 그 한계에서 벗어날 수 없기 때문이다. 그래서 자신이 처한 삶의 환경에 따라 신앙 역시 롤러코스터를 타는 것이다. 그래서 이 기준에 따라 믿음이 커지거나 작아지는 일들이 반복되는 이들은 중급의 믿음이라고 볼 수 있다.

히 11:36~37

또 어떤 이들은 조롱과 채찍질뿐 아니라 결박과 옥에 갇히는 시련도 받았으며 돌로 치는 것과 톱으로 켜는 것과 시험과 칼로 죽임을 당하고 양과 염소의 가죽을 입고 유리하여 궁핍과 환난과 학대를 받았으니 (이런 사람은 세상이 감당하지 못하느니라) 그들이 광야와 산과 동굴과 토굴에 유리하였느니라 믿음의 최고봉에 이른 자들은 하나님의 나라와 의를 위해 안락한 삶과 유복한 환경을 내팽개치고 궁핍하고 팍팍한 삶뿐 아니라 목숨까지도 기꺼이 바치는 신앙의 모습을 보여 준다. 우리는 이들을 순교자라 부르며 칭송하고 존경해 마지않는다. 물론 이러한 경지의 믿음을 보이려면 모두 가족과 고향, 재산을 버리고 최악의 환경에 살아야 하는 것은 아니다. 하나님은 때와 장소에 따라 여러 모양의 믿음의 행위를 바라신다. 위의 선지자들은 초대교회 시절에 최초의 복음을 위해 헌신이 필요한 사람들이었고, 이 시대에는 각자 맡은 자리에서 다른 모습으로 하나님을 섬기는 이들이 필요하기 마련이다. 모두 직장과 사업체, 가정을 버리고 오지의 선교사가 되는 것이 최고의 믿음을 보이는 것은 아니다. 그렇지만 초대교회 시절이나 지금이나 최고의 믿음의 기준은 변함없다. 하나님은 이 땅의 축복이 아니라 영원한 나라에 소망을 가지고, 자신의 욕구충족이 아니라 하나님의 뜻을 위해 기꺼이 자신의 삶을 바치는 믿음의 자세를 요구하시는 것이다. 비록 초대교회 순교자들의 삶은 고단하고 어려웠을지라도 하나님의 동행하심으로 마음만은 기쁘고 평안하게 살았음에 분명하다. 그래서 예수님은 제자가 되려면 자신이 아끼는 모든 것을 버리고 자기 십자가를 지고 기꺼이 따르는 자세를 보여 주어야 한다고 말씀하신 이유이다(눅14:26~27). 안락하고 부유한 이 세상의 삶보다 하나님의 뜻을 따라 살려고 애쓰는 모습이 하나님이 기뻐하시는 믿음이다. 이러한 믿음을 소유한 자와 하나님이 동행하시는 것은 두말할 나위 없다.

2) 어떻게 다이아몬드와 같은 믿음을 소유할 것인가?

다른 보석과 달리 다이아몬드는 공업용으로도 쓰인다. 광물의 단단한 성질을 나타내는 경도(硬度)가 최고등급이므로 단단한 유리를 자르거나 착암기의 머리에 박혀 거대한 바위를 뚫는 역할도 하기 때문이다. 또한 모든 빛을 반사하는 성질을 가지고 있기에 캄캄한 어둠 속에서도 찬란하게 반짝이는 아름다움으로 경이로운 존재감을 드러낸다. 그래서 결혼을 앞둔 신부라면 누구나 예물로 받기를 소원하는 보석의 여왕으로 자리매김을 하고 있다. 이처럼 견고하기 이를 데 없으며 찬란하게 빛나는 믿음이라면 다이아몬드에 비유하여도 손색이 없을 것이다.

믿음의 공급원과 깊은 관계를 유지하라

> 롬 10:17
> 그러므로 믿음은 들음에서 나며 들음은 그리스도의 말씀으로 말
> 미암았느니라

유정(油井)에서 뽑아 올린 원유는 험준한 산과 깊은 강을 건너 수천 킬로 넘게 뻗어진 파이프라인을 통하여 항구에까지 잇닿아 있다. 이렇게 파이프라인을 타고 온 원유는 지체 없이 항구에 정박한 거대한 유조선에 실려 전 세계의 모든 나라에 보내진다. 유전은 멀리 떨어져 있지만 파이프라인으로 연결되어 있기에 단기간에 엄청난 양의 원유를 공급받는데 아무 문제가 없다. 믿음의 유일한 공급원은 하나님이며 성경과 기도

의 파이프라인을 통해 우리에게 공급된다. 하나님은 성경을 통해 자신의 뜻을 드러내셨기에 말씀 자체가 자신과 동격(同格)이라고 하셨다(요 1:1). 그렇다면 하나님으로부터 믿음을 공급받으려면 말씀을 자주 접해 성경 지식에 해박하며 깊이 묵상하여 깨달음을 얻는 일을 게을리하지 말아야 할 것이다. 그렇지만 커다란 믿음을 원하지만 성경을 자주 읽어 깨달음을 얻는 일을 습관으로 들이지 않는 크리스천이 적지 않다. 성경을 관통하는 말씀에 깊은 지식과 깨달음이 없다면 견고한 믿음은 언감생심일 뿐이다.

하나님으로부터 믿음을 공급받는 또 하나의 통로는 기도이다. 기도는 영적인 호흡으로 하나님과 깊이 교제하는 통로이다. 그렇지만 하나님의 내주하심이 없이 기도목록만을 나열하는 간구만을 반복하는 이들도 많다. 하나님이 듣지 않는 기도는 헛수고일 뿐이다. 또한 기도의 빈도 역시 빈약하기 짝이 없다. 바울은 쉬지 말고 기도하라고 권면하였고, 예수님도 항상 기도하셨으며, 사무엘은 기도를 쉬는 죄를 범하지 말게 해 달라고 간청하였다. 쉬지 말고 기도하라는 뜻은 성령이 소멸되지 않도록 자주 그리고 깊이 하나님과 교제하는 것을 말한다. 성령이 내주하여 자신 안에 하나님의 나라를 이루고 있다면 놀라운 믿음을 공급해 주실 것은 당연한 일이다. 그렇지만 쉼 없는 기도의 습관은 만만치 않은 훈련을 통해 얻어진다. 그래서 많은 크리스천이 기도를 열심히 하고 있지만, 기도의 능력을 경험하지 못하는 이유이다. 이렇듯 하나님으로부터 견고한 믿음을 공급받으려면 일상의 삶에서 쉼 없는 기도를 통해 깊고 친밀한 관계를 유지하여야 할 것이다.

하나님의 명령에 기꺼이 순종하라

눅 17:10
이와 같이 너희도 명령 받은 것을 다 행한 후에 이르기를 우리는
무익한 종이라 우리가 하여야 할 일을 한 것뿐이라 할지니라

성경을 열심히 읽어 성경 지식에 해박하고 열정적인 기도로 하나님과 친근하더라도 하나님의 뜻을 삶에 적용하는 순종이 없다면 허망한 일이다. 아는 것과 행하는 것은 다르기 때문이다. 누가복음 17장에서 예수님은 겨자씨만 한 작은 믿음만 있더라도 놀라운 이적과 기적의 능력을 소유할 수 있다고 말씀하시며, 땡볕에서 하루 종일 일하고 돌아와 쉬지도 못하고 게을러빠진 주인을 위해 식사를 준비해 바치는 희생적인 종을 비유로 들고 있다. 그렇지만 이는 칭찬받을 행동이 아니라 종이 해야 할 당연한 의무사항일 뿐이라고 말하면서 비유를 마치고 있다.

다시 이 시대로 돌아와서 우리는, 예수님이 말씀하시는 겨자씨만 한 믿음조차 소유하지 못하고 있는 이유가 어디에 있을까? 그것은 하나님의 명령에 기꺼이 순종하는 자세가 부족해서일 터이다. 물론 모든 명령을 완벽하게 이행하기는 어렵다. 그렇지만 하나님의 뜻을 좇아 살려고 애쓰는 자세조차 보이지 않는다면 하나님을 기쁘시게 하지 못할 것이다. 대부분의 크리스천은 주일성수나 새벽기도, 십일조, 봉사 등 교회에서 정한 희생적인 신앙생활을 성실하게 시행한다면 하나님의 자녀로서 부족하지 않다고 생각하기 십상이다. 그렇지만 그러한 신앙 행위조

차 내면의 자세나 동기를 자세히 살펴보면 하나님이 기뻐하시는 믿음을 발견하기 쉽지 않다. 희생적인 신앙의 행위를 축복을 구하는 수단으로 삼거나, 늘 해 오던 관행이나 습관대로 신앙 행위를 반복하기 일쑤이다. 그렇지만 하나님은 겉에 드러난 신앙 행위뿐 아니라 내면의 세계를 가꾸어 깨끗하고 따뜻한 성품을 갖추기를 바라고 있으며 일상의 삶에서도 이를 드러내기를 원하고 있다. 이렇듯 성경에 밝힌 하나님의 뜻에 기꺼이 순종하는 자세를 갖춘다면 지금까지 경험하지 못한 놀라운 믿음을 공급받게 될 것이다.

믿음은 역경과 시련을 통해 단단해진다

약 1:2~3
내 형제들아 너희가 여러 가지 시험을 당하거든 온전히 기쁘게 여기라 이는 너희 믿음의 시련이 인내를 만들어 내는 줄 너희가 앎이라

쇠를 강하게 하려면 수천 도의 뜨거운 불에 빨갛게 달구었다가 다시 차가운 물에 집어넣어 급속도로 냉각시키는 행위를 반복하여야 한다. 뜨거운 불과 차가운 물을 여러 번 통과하면서 쇠는 서서히 단단해져 간다. 견고한 믿음을 얻는 방법도 이와 다르지 않다. 돌처럼 굳은 믿음을 소유한 사람은 누구보다 어려운 역경과 시련을 통과한 사람이라고 보면 틀림없다. 어떤 사람은 하나님의 자녀가 되면 하나님의 도우심으로 어떤 불행한 사건이나 위험한 상황도 발생하지 않을 거라고 생각하지만 그것은 성경적이 아니다. 지혜의 대명사 솔로몬은 물고기가 그물에 걸

리고 새들이 올무에 걸림같이 누구에게나 재앙의 날이 임하면 거기에 걸린다고 말하고 있다(전 9:12). 믿음이 좋은 크리스천이라도 평생에 걸쳐 시행착오와 실패는 피할 수 없는 일이고, 탐욕과 무지, 어리석음으로 행동하면 위험에 빠지고 불행한 사건에 휘말리는 것은 당연한 일이다. 또한 아무리 조심하더라도 나이가 들면 암과 중풍 같은 성인병에 걸릴 수 있다. 이처럼 누구에게나 불행한 사건이 예고 없이 들이닥치고 위험한 상황에 빠질 수 있다.

가장 좋은 방법은 재앙과 불행을 사전에 예방하는 것이 최선이다. 탐욕과 어리석음을 버리며 신령한 지혜, 오래 참음과 절제, 자족하는 성품을 지녔다면 사업이나 직장이 쉽게 나락에 떨어지지 않을 것이며, 술과 담배를 멀리하고 균형 잡힌 영양섭취와 운동을 병행하고 있다면 갑자기 심각한 질병에 걸리는 일도 드물 것이다. 과도한 빚과 음란을 조심하고 쾌락과 방탕을 멀리한다면 행복한 가정이 갑자기 파괴되는 일도 없을 것이다. 그렇지만 욥의 경우처럼 아무리 조심하고 경계하고 있더라도 누구에게나 예기치 않는 불행이 들이닥친다. 장기적인 불황과 예측 불가능한 금융환경은 사업과 직장을 순식간에 잃게 하며 교통사고로 인한 불행은 우리 주변에 흔한 일이다. 자연환경의 파괴로 인해 예전에 경험하지 못한 치명적인 질병이 새롭게 나타나기도 한다. 사실 죽음은 누구나 피할 수 없는 것이기에 사랑하는 사람들을 잃는 것은 운명으로 받아들여야 한다. 불행을 어떻게 받아들이느냐가 중요한 일이다. 불행과 실패에 낙담하고 좌절하여 믿음을 잃고 술에 빠져 폐인이 되는 이도 있고, 시련과 역경을 통해 믿음을 더욱 강건하게 변화시킨 이들도 있다. 삶의 고난과 목마름은 눈에 보이지 않는 하나님을 더욱 가깝게 하는 계기가 된다. 대부분의 크리스천들은 인생의 불행과 역경을 단련시켜 놀라운 믿음으로 승화시킨다. 절박한 심정으로 실망과 좌절, 외로움과 맞서 하나님을 찾고 그분의 도우심을 구하기 때문이다. 그렇기에 야고보 사도는 환난과 시련을 만나면 기뻐하라는 권면은 보통 사람이 알지 못하는 놀라운 믿음의 경지를 보여 주시는 것이 아닐까? 그 역시 불타는 시련과 역경을 겪고 얻는 깨달음일 게 분명하다.

믿음의 결정체는 하늘나라에 대한 소망에서 맺어진다

히 11:39~40
이 사람들은 다 믿음으로 말미암아 증거를 받았으나 약속된 것을 받지 못하였으니 이는 하나님이 우리를 위하여 더 좋은 것을 예비하셨은즉 우리가 아니면 그들로 온전함을 이루지 못하게 하려 하심이라

믿음을 통해 축복과 성공, 건강과 부유함을 바라는 이 시대의 크리스천들은 초대교회 성도들이 받았던 박해와 고난, 생명의 위협 속에 살았던 고통스러운 삶을 멀리 떨어져서 바라보기 일쑤이다. 이들은 믿음을 지키고 복음을 전파하기 위해 안락한 삶과 행복한 가정을 버렸지만, 아이러니하게도 우리는 같은 믿음을 통해 이 땅에서의 축복과 성공을 얻고 싶어 한다. 사실 대부분의 교회나 집회에서의 설교에서는 예수님을 잘 믿으면 누리게 되는 세상에서의 축복을 기정사실화하고 있다. 그렇

지만 설교자들은 초대교회 성도들의 굳고 빛나는 믿음의 결과가 이 땅에서 부유하고 행복한 삶으로 맺어지지 않은 사실에 대해서는 외면하고 있다. 아마 우리 모두가 믿음으로 천국 백성이 되고 싶지만, 먼저 이 땅에서 잘살고 잘 먹는 것에 초점을 맞추고 있어서가 아닐까? 우리의 바람과는 아랑곳없이, 초대교회의 성도들은 이 땅에서 약속된 것을 받지 못했다고 성경은 담담히 전하고 있다. 그들은 춥고 배고프고 정처 없이 떠돌며 고단하고 팍팍한 삶을 살다 처형장의 이슬로 사라졌다. 그렇지만 우리는 그 사실을 기억하고 싶지 않다. 이 땅에서 부유하고 행복하게 사는 게 우선인 탓이다. 여기까지가 우리의 믿음의 한계이며 그들의 믿음을 좇아가지 못한 이유이다. 그래서 예수님은 우리가 겨자씨만 한 믿음조차 소유하지 못하고 있다고 말씀하시는 것일지도 모른다.

산상수훈으로 알려진 예수님의 팔복에서는 우리가 바라고 원하는 이 땅에서의 축복이 전혀 들어 있지 않다. 그래서 교회에서는 구약의 축복만을 인용하며 성경 전체를 관통하는 하나님의 축복인 양 말하고 있기도 하다. 예수님이 현세적이고 지상적인 축복에 대해 일언반구조차 없었던 이유는 천국에서의 삶이 이 땅의 축복과는 비교할 수 없을 만큼 좋아서 일 것이다. 초대교회 성도들이 이 땅에서 부유하고 행복한 삶을 마다하고 세상을 버린 것은 천국의 소망에서 눈을 떼지 않았기 때문이다. 즉 삶의 우선순위가 천국의 영원한 생명에 있어서이다. 여기에 믿음의 비밀이 숨겨져 있다. 빛나는 믿음의 결정체는 이 땅에서의 축복을 떠나 영원한 천국에 소망을 두었을 때 맺혀지기 시작한다. 물론 하나님은 우리가 이 땅에서 가난하고 불행하게 사는 것을 바라지 않으시지 않지만,

하나님의 나라의 확장이나 의를 위해 기꺼이 이 땅에서의 안락한 삶을 버릴 각오가 되어 있는 자녀들에게 굳고 빛나는 믿음을 공급해 주신다. 하나님이 원하시는 믿음의 목적은 우리가 하나님의 영광을 위해 사는 것이다. 그러기에 당신의 뜻을 이루며 하늘나라를 위해 모든 것을 희생할 수 있는 자녀들을 찾고 계신다. 결국 영원한 하늘나라의 소망에서 눈을 떼지 않는 자만이 이러한 놀라운 경지의 믿음을 소유할 수 있다.

7.
하나님의 뜻에 순종하는 사람이 되라

골 1:9~10

너희로 하여금 모든 신령한 지혜와 총명에 하나님의 뜻을 아는 것

으로 채우게 하시고 주께 합당하게 행하여 범사에 기쁘시게 하고

하나님을 기쁘시게 하는 또 다른 조건은 하나님의 뜻대로 행하는 것이다. 그렇지만 하나님의 뜻을 알고 행하는 것은 만만한 일이 아니다. 성경 자체가 하나님의 뜻을 기록한 책이고 그 안에는 하나님의 뜻이라고 밝힌 구절이 숱하며, 굳이 특별하게 지명하지 않았더라도 하나님의 뜻임을 나타내는 곳도 수없이 등장한다. 물론 성경의 모든 구절이 다 하나님이 말씀하신 것만 기록된 것은 아니며 비유와 사건, 인물의 행적들의 이면(裏面)에 숨겨진 하나님의 뜻을 찾아내는 것은 어려운 작업이기도 하다. 어쨌든 하나님의 뜻을 아는 것은 성경을 열심히 읽어 그 내용에 해박하다고 되는 것은 아니다. 하나님의 지혜와 총명을 받아 촌철살인의 깨달음을 얻어야 한다.

바리새인과 서기관들은 예수님 당시 율법의 고수였다. 그래서 율법을 가르치는 것은 물론 일반인들에게 삶의 적용을 상담하며 지도하였다. 그렇지만 예수님과의 율법 논쟁을 통해 그들이 아는 율법과 예수님이 말씀하시는 율법과는 커다란 차이가 있음을 알게 된다. 바리새인들은 율법의 조항을 자의적으로 해석하며 율법을 형식적으로 지키는 데 초점을 맞춘 반면, 예수님은 율법을 정한 정신과 하나님의 원칙을 토대로 성경적인 적용을 보여 주셨다. 바리새인들이나 서기관들은 율법의 지식에는 해박하였지만 정작 하나님의 뜻을 아는 것과 적용하는 것에는 어리석고 무지하였다. 안타깝게 이 시대에도 이러한 일들이 적지 않다. 구약 시대의 율법은 폐지되었지만 새롭게 나타난 교회의 관행과 형식적인 신앙의 행위들은 또 다른 율법의 자리를 차지하고 있다. 예수님 당시나 지금이나 하나님의 뜻을 깨닫고 삶에 적용하는 일은 어려운 일이다. 그렇지만 깊은 깨달음으로 성실하게 삶에 적용한다면 하나님을 기쁘시게 하며 동행하는 자격을 얻게 될 것임은 물론이다.

1) 하나님의 뜻을 아는 것과 행하는 것은 다르다

마 7:26~27
나의 이 말을 듣고 행하지 아니하는 자는 그 집을 모래 위에 지은 어리석은 사람 같으리니 비가 내리고 창수가 나고 바람이 불어 그 집에 부딪치매 무너져 그 무너짐이 심하니라

예수님 당시에는 성경을 소유하는 것은 무척이나 힘든 일이었다. 그

당시는 양피지나 파피루스에 필사를 하였기에 집 몇 채 값을 주고 사야 하는 고가였다. 그래서 전체가 아닌 일부를 회당에 두고 돌려 가며 읽었다. 그렇지만 지금은 인쇄술이 발달하여 집집마다 성경을 여러 권 갖고 있다. 또한 교회나 목회자가 많아져서 설교를 들을 기회가 넘쳐 나고, 주석이나 여러 버전의 성경의 출판, 인터넷의 발달로 언제 어디서나 성경을 읽고 들으며 배울 수 있다. 마음만 먹으면 성경 지식에 해박해지는 게 어렵지 않은 시절이다. 신앙의 조상들에 비하면 축복받은 환경이겠지만, 아이러니하게 성경이 넘쳐 나는 시대에 우리는 하나님의 말씀에 귀를 기울이려 하지 않는다. 또한 알고 있는 성경 내용도 설교 때 늘 들어 왔던 사건이나 인물에 불과하다. 그래서 성경 지식은 많아도 하나님의 뜻에 무지하다. 설교는 목회자가 성경을 해석하여 가공한 요리이다. 편하게 앉아 있으면 성경이 입맛대로 맛있게 요리가 되어 결론과 삶의 적용까지 입에 넣어 준다. 그래서 우리는 하나님의 뜻을 아는 것에 고민하지 않는다. 그렇지만 그것은 성경의 깊은 샘에서 길어 올린 하나님의 뜻이라기보다 이미 가공되고 포장된 성경 지식만을 알고 있는 경우가 흔하다. 스스로 알려고 애쓰는 시간과 깊이 묵상하며 얻은 깨달음이 없기에 하나님의 화신(化身)인 말씀의 능력을 경험할 수 없다.

설령 하나님의 뜻을 잘 알고 있더라고 그 뜻대로 행하는 것은 별개의 일이다. 그래서 예수님은 말씀을 듣고 행하는 자는 천국 백성이 되는 지혜로운 사람이지만 듣고도 행하지 않는다면 신앙의 열매가 없는 쭉정이가 된다고 말씀하셨다. 이 시대에 성경을 꿀처럼 맛나게 읽는 사람도 드물지만, 하나님의 뜻대로 행하는 사람을 보는 일은 더욱 보기 어렵다. 모두들 세상에서 얻고 싶은 것에 눈을 떼지 못하기에 하나님의 뜻을 알고 행하는 일에 관심이 없다. 하나님의 뜻을 행하는 일에 관심을 가지려면 영적인 눈을 떠야 하고 이 땅에서보다 천국의 영원한 삶에 우선순위를 두어야 한다. 누구나 알고 있는 사실이지만, 마음을 다스리는 일이 어렵기에 생활의 염려와 재물의 유혹에 마음을 뺏겨 하나님의 뜻을 행하는 일에 무지한 채 하루하루를 살아가고 있다.

2) 어떻게 하나님의 뜻을 삶에 적용할 것인가?

예전에 어느 목사 부부가 부모가 없는 남매를 양육한답시고 교회로 데려와서 온갖 학대를 자행하다가 끝내 아이들이 견디지 못하고 가출하여 이를 조사하는 과정에서 그간의 행적이 드러나 이 소식을 접한 네티즌들이 기독교를 질타하며 목사들을 경멸해 마지않는 댓글들이 줄을 이었다. 또한 어느 기도원에서는 정신지체아들을 고친다며 수용하면서 형편없는 음식을 먹이고 욕설, 감금, 구타 등을 반복하다가 원장인 목사가 검찰의 조사를 받고 있다고 한다. 이 소식들을 접하면서 소수의 사람들이 하나님을 욕 먹이고 선한 대부분의 크리스천들의 명예를 훼손시킨다고 생각하니 마음이 답답해졌다. 더욱 안타까운 것은, 피의자 목사들이 자신의 잘못을 회개하기보다 변명하며 회피하는 모습을 보며 더욱 슬펐다. 신학교를 졸업해서 누구보다 성경 지식이 많을 테고, 목회자의 길에 들어서면서 세상의 욕심을 버리고 예수님의 제자로서 헌신하여 세상을 변화시키겠다던 그들이 왜 이러한 삶을 살게 되었을까? 하나님의 뜻을 알지만 그 뜻대로 살지 않아서일 것이다. 이런 사건은 다른 종교보다 기독교에 더욱 자주 발생한다. 자신들의 욕심을 채우고 싶은 삯꾼 목자와 하나님의 뜻보다는 오직 이 세상의 축복과 성공에만 관심이 있는 크리스천들이 교회를 채우고 있어서이다. 물론 하나님의 뜻을 삶에 적용하며 사는 일은 어렵고 힘든 일이다. 그렇지만 생명 문은 좁고 그 길을 가는 사람은 드물기에, 마음을 새롭게 하여 하나님의 뜻대로 사는 일에 정신을 집중하여야 할 것이다.

늘 깨어 있으라

예전이나 지금이나 휴전선에는 매일 밤 수많은 초병들이 보초를 서느라 뜬눈으로 밤을 새운다. 혹시나 모를 간첩의 출몰이나 북한군의 도발을 경계해서이다. 그렇지만 그런 일은 거의 일어나지 않는다. 제대하는 그날까지 아무런 사건 없이 지나가는 날이 대부분이다. 그래서 병사들은 지금까지 아무 일 없었기에 이등병으로 군 생활을 시작할 때의 긴장감이 사라지게 마련이다. 크리스천이라면 언젠가는 갑자기 하늘에서 천사장의 나팔 소리가 울려 퍼지면서 예수님이 재림하여서 세상 사람들을 심판하실 것을 믿고 있다. 그렇지만 이 사건은 성경의 예언으로만 믿고 있지, 이 땅에서 머지않아 그런 일이 실제로 발생하리라는 생각은 까마득히 잊고 있다. 물론 예수님이 승천하시자마자 사도들과 제자들조차 예수님이 곧 재림하실 것을 믿어 의심치 않았다. 그렇지만 그 일은 계속 미루어지고 이천여 년이 훌쩍 넘어서자 아무도 그 예언에 마음을 두지 않는다. 언젠가는 갑자기 예수님이 재림하시고 예언이 성취되는 날이 오겠지만 지금까지 경험해 보지 않았기에 긴장하며 그날을 기다리는 법이 없다.

날마다 깨어 있으라는 예수님의 명령은 참 중요하지만, 이를 받아들이는 우리는 그 말씀대로 사는 데 큰 어려움을 느낀다. 하나님의 뜻을 시행하지 못하는 이유도 여기에 있다. 하나님의 말씀이 내 안에 살아 숨 쉬지 못하고 있기 때문이다. 날마다 깨어 있으려면 하나님의 영이 내 안에 가득 찬 삶을 살아야 한다. 그러기 위해서는 교회에서뿐 아니라 일상의 삶에서도 하나님과의 깊고 친밀한 교제는 물론이고 성경을 읽고 묵상하는 습관이 몸에 자연스레 배어야 한다. 그렇지만 크리스천이라면 누구나 알고 있는 것들을 삶에 적용하지 못하는 이유는 하나님과의 개인적인 만남을 유지하지 못해서일 것이다. 기도를 한다고 해서 으레 하나님이 만나 주시는 것은 아니다. 하나님의 영이 내주하시는 기도 습관을 들여야 한다. 또한 자신의 의지나 의무감으로 하는 기도는 오래가지 못한다. 성령이 내주하시는 증거인 샘솟는 기쁨과 잔잔한 평안을 느껴야 기도를 즐길 수 있다. 그러한 느낌을 얻으려면 오랜 기도훈련으로 습관을 들여야 하나님과 친밀한 교제의 기도를 하게 된다. 날마다 하나님의 영으로 충만한 기도를 하게 된다면 깨어 있는 것은 당연한 일이 될 것이다.

눅 21:34

너희는 스스로 조심하라 그렇지 않으면 방탕함과 술취함과 생활
의 염려로 마음이 둔하여지고 뜻밖에 그 날이 덫과 같이 너희에게
임하리라

늘 깨어 있는 삶이 어려운 진짜 이유는 우리의 관심이 하나님께 있기보다 술과 음란, 오락, 방탕 등 세상의 쾌락에 빠지고 탐욕을 좇으며 생

활의 염려로 성령이 내주할 자리를 주지 않아서이다. 어렵사리 내 안에 찾아오셨더라도 곧 소멸하게 만드는 삶의 태도가 문제인 셈이다. 그렇기에 세속적인 삶의 태도를 바꾸지 않는 이상, 하나님에 대한 생각으로 가득 차며 언제나 하늘의 일에 관심을 가지는 성령 충만한 삶이 될 수 없다. 눈만 뜨고 보이는 세상에 대한 욕망과 쾌락을 좇는 방탕한 마음을 다스리는 것은 강을 거슬러 올라가는 배를 젓는 것과 같다. 그래서 하나님의 뜻을 행하려는 생각에서 잠시라도 한눈을 판다면 세속적인 욕망이 쏜살처럼 그 틈새를 파고든다. 육체를 만족시키고자 하는 속사람과 하나님의 뜻대로 살려는 속사람이 서로 싸우고 있는 게 우리 내면의 모습이다. 하나님을 향한 관심을 가리는 것들인 탐욕, 방탕, 의심, 걱정, 피곤을 몰아내어야 비로소 하나님의 영이 충만하게 거주하신다. 그러려면 자신의 영적 상태를 늘 점검하고 조금이라도 틈을 주지 않는 삶의 태도를 늘 점검해야 할 것이다.

말씀이 마르지 않도록 채우라

구멍이 뚫린 배를 가라앉지 않게 하려면 물이 새는 양보다 더 빨리 퍼내야 한다. 새는 양이 퍼내는 양보다 많다면 결국 배는 물로 가득 차서 침몰하게 될 것이다. 하나님의 뜻대로 살지 못하는 또 다른 이유는 말씀이 내 안에서 사라졌기 때문이다. 성령이 내주하시는 기도 습관은 오래 걸린다. 특히 침묵기도는 고도의 집중력을 요구하는 기도형태이기 때문에 훈련되지 않았다면 잡념과 졸음으로 오래 집중하기 어렵다. 필자는 아침과 잠자리에 들기 전에 각각 두어 시간 정도 기도하고 낮에도 틈을 내서 집중적으로 기도하는 것을 습관으로 삼고 있다. 이렇게 낮에도 기도하려고 애쓰지만, 시끄러운 환경 속에서 짧은 시간을 틈내어 기도하는 것은 여간 힘든 일이 아니다. 강력한 기도 습관을 들이는 능력은 말씀을 얼마나 자주 접하느냐에 달려있다. 필자는 아침기도를 마치고 1시간 정도 성경을 집중적으로 읽는 시간 외에도 성경을 가지고 다니며 틈나는 대로 성경을 읽으려 하고 있다. 그렇게 여러 해 동안 꾸준히 지속하면 마침내 말씀이 내 안에 가득 차 있는 날이 오게 된다. 그러한 상태가 되면 불현듯 말씀이 수시로 튀어나오며 특정한 말씀이 오랫동안 사라지지 않는 경험도 자주 하게 된다. 성경을 자주 읽으면 기도의 집중력이 향상되므로 일상의 삶에서의 성경 읽기는 기도 몰입에 아주 효과적이다. 성경을 읽거나 기도하는 행위는 똑같이 하나님이 내주하시게 하는 원천이다. 시끄러운 환경 속에서 바쁘게 일해야 하는 현대인들은 집이나 교회가 아니라면 기도하는 틈을 내기 어렵다. 그렇지만 일과 중에도 휴식 시간이나 점심시간 후에 틈틈이 성경을 읽는 자투리 시간 정도는 마음만 먹으면 낼 수 있을 것이다.

필자가 사역이 열리기 전에 생업과 사역을 병행할 때에, 어디 가든 가방 속에 성경을 넣어 두고 시간이 나면 꺼내어 읽곤 했다. 차 안에서 누구를 기다리는 시간은 더욱 좋고 병원의 대기시간, 기차여행 중에, 혹은 공원에서 잠시 쉬는 시간에도 성경을 꺼내 들곤 했다. 우리는 조용하고 풍광이 아름다운 수도원에서 지내는 것이 아니다. 시끄럽고 번잡한 도시의 한복판에서 정신없이 바쁘게 살아가고 있다. 어쩌면 이러한 환경 속에서 세상에 관심을 빼앗기고 사는 것이 당연한 일이다. 수시로 성경을 읽는 습관은 세상을 향한 자신의 욕망을 잠재우고 세상의 염려가 틈타는 것을 막아 내는 좋은 방법이다. 하나님의 뜻을 찾으려는 갈급한 마음으로 성경을 읽으면 말씀이 쫀득쫀득하게 빨려 들어와 마치 성경 속의 인물들과 마주 대하는 느낌이 든다. 말씀이 언제나 내 안에 가득 차 있다면 하나님의 뜻대로 살려고 애쓰는 태도를 갖는 것은 당연한 일이다. 지금이라도 자신이 있는 어느 곳에든지 가까이에 성경을 두고, 틈만 나면 성경을 읽는 시간들로 일상을 채운다면 하나님과 동행하는 새로운 경험을 하게 될 것이다.

자신이 누구인가를 잊지 말라

디아스포라로 흩어진 유대인들은 세계 어느 곳에 살더라도 끈끈한 민족주의와 열정적인 신앙심을 갖는 것으로 유명하다. 이천여 년이 지나서야 끓어 넘치는 애국심이 열매를 맺어 지금은 팔레스타인이 거주하던 옛 조상들의 땅에 자신들의 국가인 이스라엘을 다시 세우고 수많은 유대인들이 돌아왔다. 그렇지만 여전히 많은 사람들은 자신들이 태어난 곳에서 살고 있다. 이들은 비록 머나먼 타향에서 오랫동안 살아왔지만 자신들이 누구인지 잊지 않고 있었기에, 이천여 년이란 긴 세월이 흘렀어도 자신들의 뿌리를 잊지 않고 국가를 세울 수 있는 원동력이 된 셈이다. 한때 세계를 호령했던 거대한 민족들조차 아직도 자신만의 나라가 없이 이웃 나라에 흩어져 살아가고 있는 이들이 많은 데 말이다. 이처럼 자신이 누구인가를 잊지 않는 것은 놀라운 능력이 된다.

벧후 1:10

그러므로 형제들아 더욱 힘써 너희 부르심과 택하심을 굳게 하라

너희가 이것을 행한즉 언제든지 실족하지 아니하리라

부르심과 택하심은 하나님께서 우리를 당신의 자녀로 불러주셔서 천국 백성으로 삼아 주셨으며 재능과 능력대로 선별하여 넘치는 은사를 주시고 고귀한 직분을 맡겨 주신 것을 뜻한다. 우리의 정체성은 하나님의 자녀이며 장차 우리가 영원히 살아야 할 곳은 이 땅이 아니라 하나님이 다스리시는 영원한 천국이다. 즉 크리스천의 신분은 하늘나라의 왕족으로 하나님의 영광을 위해 살아야 한다. 그렇지만 우리는 먹고살기 바빠 정신없이 살다 보니 자신의 정체성을 잊고 지낼 때가 많다. 하나님의 뜻대로 사는 능력을 얻는 비결은 자신이 누구인지, 무슨 목적으로 세상에 왔는지에 대한 정체성을 깨닫는 데 그 해답이 있다. 이 깨달음이 비록 가난하고 어렵게 살고 있지만 세상의 욕망과 방탕에 마음을 빼앗기지 않고 올곧이 그분의 뜻대로 행하며 살아가는 원동력이다. 언젠가 이 세상의 삶이 끝나는 날, 하나님과 천사들의 지극한 환영을 받고 면류관과 상급을 받으며 아름답고 즐거운 천국에서 영원히 사는 것을 꿈꾼다면 이 세상에서의 누추하고 초라한 삶을 견디지 못할 이유가 없다. 이 역시 자신이 누구인지를 잊지 않기에 가능한 일이다. 인생의 크고 작은 결정 앞에서 세상의 유혹에 흔들리지 않고 하나님의 뜻을 따라가는 삶은 영원한 생명을 얻는 보답에 비해 아무것도 아니라는 것을 잘 알기 때문이다. 하나님의 뜻대로 행함으로 그분의 기쁨이 된다면 언제나 하나님이 함께하시는 삶이 될 것이 분명하다. 이처럼 하나님이 동행하시는 삶을 실현한다면 진정한 평안과 기쁨을 누리는, 어린아이들의 소풍과 같은 즐겁고 소중한 인생길이 될 것이다.

에필로그

그동안 우리네 교회는 성경대로 가르치기보다 자신들이 이해하는 선에서 성경을 해석하고 자신들이 할 수 있는 만큼 가르쳐 왔다. 그래서 우리네 교회는 기적과 이적으로 드러나는 성령의 능력을 체험하지 못했고 기도의 응답도 경험하지 못했다. 말하자면 기독교를 종교로 믿는 종교인들에 불과했다. 기독교는 종교가 아니라 실제이며, 하나님은 종교적인 신이 아니라 살아 계신 창조주가 아니신가? 물론 이렇게 믿기는 하지만, 전지전능한 하나님을 체험하지 못하며 교회 마당을 밟고 있다. 코로나 사태는 이렇게 무능하고 무기력한 교회의 민낯을 고스란히 보여 주고 있다. 우리네 교회는 세상 사람들로부터 조롱과 경멸의 대상으로 전락했다. 그럼에도 불구하고 현장예배에 목숨을 걸겠다는 목회자들이 끊임없이 나타나서 코로나 사태에 분기탱천한 국민들의 분노에 기름을 붓고 있다. 그러나 짜증과 분노를 터트린다고 코로나 사태가 해결되는 것도 아니다. 앞으로 삶이 고단하고 신앙의 무기력증에 환멸을 느낀 교인들이 하나님을 떠나게 되면서 교회가 무너지고 양들이 흩어질 것이다.

그래서 당신은 고난과 불안의 시대로 떠밀려가는 세상을 두려움으로 바라보면서 이 문제를 해결할 수 있는 대책이 있는가? 정부도 교회도 막을 수 없는 공포의 시대를 바라보면서 절망과 좌절의 한숨을 내쉴 뿐이다.

필자는 삼십여 년 전에 사업의 실패로 인생이 무지막지하게 떠내려가는 세월을 살았었다. 십여 년을 그렇게 떠내려가다가, 하나님이 필자에게 안 계신다는 것을 인정하지 않을 수 없었다. 그래서 성경을 이 잡듯이 뒤져 가며 하나님을 만나는 방식을 찾았다. 그 말씀이 목숨을 다하고 마음을 다하여 하나님을 찾으라, 간절히 하나님의 이름을 부르라는 내용이었다. 또한 기도의 방식도 찾아내었는데, 쉬지 말고 기도하라, 전심으로 기도하라는 내용이었다. 그래서 그때부터 하나님을 간절히 부르는 기도를, 장소와 시간을 가리지 않고 쉬지 않고 하기 시작했다. 그렇게 십 년이 흐른 어느 날, 성령께서 찾아오셔서 필자의 사역에 대해 말씀해 주시며 삼 년 동안 귀신을 쫓아내는 훈련 끝에 충주의 한적한 시골에 영성학교를 열고 성령이 내주하는 기도훈련 사역을 한 지 벌써 8년이 가까워 오고 있다.

필자가 하나님의 이름을 부르는 기도를 시작한 지도 이제 20여 년의 세월이 흘렀다. 그동안 필자는 천 번이 넘는 기적을 체험하였고, 영성학교를 열고 나서도 수백 명의 사람들에게서 귀신을 쫓아내고 정신질환과 고질병을 치유하는 기적과 이적으로 사역을 진행하고 있다. 그러나 앞으로 우리가 맞닥뜨려야 할 세상은 지금까지 살아온 날들과 비교할 수 없을 정도로 험난할 것이다. 이 험악한 세상을 평안하고 형통하게 살아갈 능력은 오직 하나님과 깊고 친밀하게 교제하며 동행하는 삶을 사는 길이 유일하다. 그 비결은 쉬지 않고 전심으로 하나님을 부르는 기도의 습관을 들이는 것이다. 그동안 우리네 교회에서는 쉬지 않고 기도하라는 말씀을 그냥 열심히 기도하라는 교훈쯤으로 받아들였다. 그러나 필자는 이 기도를 삶에 적용하여 하나님과 동행하는 삶을 살고 있으며 수많은 기적과 이적을 드러내는 성령의 능력을 통해 증명하고 있다. 그래서 어떻게 해야 쉬지 않고 전심으로 기도하는 습관을 들일 수 있냐고?

대부분의 사람들은 필자가 권면하는 기도방식에 입이 떡 벌어질 것이다. 우리네 교인들은 하루에 10분도 기도하지 않는 이들이 널려 있으며 목회자들로 하루에 30분도 기도하지 않기 때문이다. 당신에게 선택의 여지는 없다. 지금까지 해 온 신앙생활이나 목사의 가르침으로는 앞으로 닥칠 고난의 세월을 이겨 낼 수 없는 것은 물론이고 천국에 들어갈 수도 없기 때문이다. 그래서 지금까지 무능하고 무기력한 믿음으로 고단하고 꽉꽉하게 살아오지 않았는가? 아브라함, 야곱, 요셉, 다윗, 사무엘, 다니엘, 베드로, 다윗은 물론 예수님도 육체의 몸으로 있을 때에는 쉬지 않는 기도의 습관으로 하나님과 동행하는 삶을 살다가 이 땅을 떠나갔다. 공의의 하나님은 성경의 위인들에게만 이런 기도를 요구하지 않으신다. 모든 사람이 성경의 위인같이 쉬지 않고 전심으로 기도하는 습관을 들이면 찾아와 만나 주시고 놀라운 능력으로 살아가는 힘을 공급해 주신다. 필자도 이십여 년 동안 이 기도를 하려고 노력을 해 왔지만 성경의 위인들에 비해 턱없이 부족하다는 것을 인정하지 않을 수 없다. 그래서 앞으로는 기도의 빈도와 강도를 높여서 종말의 시대에 하나님이 요긴하게 쓰시는 재목으로 살고 싶다. 당신도 필자와 같은 소원이 있다면 쉬지 않는 기도의 습관을 들여 하나님과 동행하는 삶을 살기를 바란다. 그래서 이 책이 성령과 동행하는 길을 걸어가는 도구가 되어 어둡고 캄캄한 이 시대에 한 줄기 빛나는 횃불이 된다면 더없이 좋겠다.